Geld- und Währungspolitik
Stabilität nach innen und außen

Geld- und Währungspolitik
Stabilität nach innen und außen

Ein Symposion der
Ludwig-Erhard-Stiftung
am 23. November 1988

Geld- und Währungspolitik
Stabilität nach innen und außen

mit Beiträgen von

Helmut Geiger · Ernst Helmstädter
Heinrich Matthes · Peter-W. Schlüter
sowie Waldemar B. Hasselblatt · Hartmut Kohlhoff
Frank Marheinecke · Ulrich Meyer-Cording
Friedhelm Rentrop · Matthias Schmitt
Ernst Schröder · Werner Steuer · Hans Tietmeyer

Redaktion:
Horst Friedrich Wünsche

Gustav Fischer Verlag
Stuttgart · New York · 1989

Ludwig-Erhard-Stiftung Bonn
Johanniterstraße 8, D-5300 Bonn 1

Band 26

CIP-Titelaufnahme der Deutschen Bibliothek

Geld- und Währungspolitik : Stabilität nach innen und aussen ; [ein Symposion der Ludwig-Erhard-Stiftung am 23. November 1988] / mit Beitr. von Helmut Geiger ... Red.: Horst Friedrich Wünsche. – Stuttgart ; New York : Fischer, 1989
  (Ludwig-Erhard-Stiftung Bonn ; Bd. 26)
  ISBN 3-437-50332-4
NE: Geiger, Helmut [Mitverf.]; Ludwig-Erhard-Stiftung:
  Ludwig Erhard-Stiftung Bonn

Gustav Fischer Verlag · Stuttgart · New York 1989
Wollgrasweg 49, D-7000 Stuttgart 70
Das Werk einschließlich aller seiner Teile ist urheberrechtlich geschützt. Jede Verwertung außerhalb der engen Grenzen des Urheberrechtsgesetzes ist ohne Zustimmung des Verlags unzulässig und strafbar. Das gilt insbesondere für Vervielfältigungen, Übersetzungen, Mikroverfilmungen und die Einspeicherung und Verarbeitung in elektronischen Systemen.
Satz: Fotosatz Froitzheim KG, Bonn
Druck und Einband: F. Pustet, Regensburg
Printed in Germany

Inhaltsverzeichnis

Begrüßung
Helmut Geiger   1

Internationale Ungleichgewichte,
gestörte Anpassungsprozesse:
Herausforderungen für die Währungspolitik
Ernst Helmstädter   3

Konzepte internationaler Geld- und Währungspolitik:
Erfahrungen und Möglichkeiten
Peter W.-Schlüter   17

Das EWS als stabilitätsfördernder Ordnungsrahmen
Heinrich Matthes   29

Aktuelle Probleme der europäischen Währungspolitik
Diskussion   43

Referenten und Diskussionsteilnehmer   81

Personenregister   83

Sachregister   85

Begrüßung

Helmut Geiger

Wie bei vielen anderen Gelegenheiten ist es auch bei Erörterungen zum Thema „Geld- und Währungspolitik – Stabilität nach innen und außen" gut, den Blick sowohl nach rückwärts als auch nach vorwärts zu richten. Nach rückwärts, um aus den Erfahrungen der letzten Jahrzehnte zu lernen und zu profitieren; nach vorwärts, um für die nächsten Jahrzehnte gerüstet zu sein.

Die Ludwig-Erhard-Stiftung möchte auf diesem Symposion grundsätzliche Herausforderungen für die Geld- und Währungspolitik besprechen. Sie geht so weit, zu sagen: „Strukturreformen sind nötig". Wie werden zu diskutieren haben, welche Reformen erforderlich und welche möglich sind. Ich freue mich sehr, daß es gelungen ist, Referenten zu gewinnen, die aus ihrer beruflichen Tätigkeit zu diesen Fragen kompetent Stellung nehmen können.

Internationale Ungleichgewichte, gestörte Anpassungsprozesse: Herausforderungen für die Währungspolitik

Ernst Helmstädter

Gleichgewicht/Ungleichgewicht in der traditionellen Wirtschaftstheorie

Ungleichgewicht als Motor der wirtschaftlichen Evolution

Die Funktionen des finanziellen Sektors

Hat sich der finanzielle Sektor vom realen Wirtschaftsgeschehen abgekoppelt?

Fehllenkungen von Realkapital

Unlösbare Probleme, Übergangsprozesse und wirtschaftspolitische Aufgaben

---

Meine Ausführungen möchte ich vor allem auf zwei Dinge konzentrieren: Erstens möchte ich die realwirtschaftlichen Prozesse darstellen, die sich nicht oder nicht mehr im Gleichgewicht befinden; zweitens will ich ein mögliches Ungleichgewicht zwischen realem und finanziellem Sektor, weltweit betrachtet, so kennzeichnen, daß die Gefahren von Instabilitäten sichtbar werden und damit auch die Aufgaben, deren sich die Währungspolitik und teilweise auch die Geldpolitik einzelner Länder anzunehmen hat.

Ich werde versuchen, ausgetretene Pfade der Diskussion zu meiden und Aspekte grundsätzlicher Art einzubringen. Die Währungs- und die Geldpolitik selbst bleiben hier außer Betracht. Ich beschränke mich auf realwirtschaftliche Prozesse und das Verhältnis des realen Sektors zum finanziellen Sektor.

Gleichgewicht/Ungleichgewicht in der traditionellen Wirtschaftstheorie

Wenn der Begriff Ungleichgewicht fällt, wird es sich kein Wirtschaftstheoretiker entgehen lassen, etwas Methodisches auszuführen. Das rechte Verständnis des Begriffs Gleichgewicht ist für das hier zu behandelnde Thema fundamental. Man kann nicht über Ungleichgewicht sprechen, ohne den Gleichgewichtsbegriff zu kennzeichnen.

Der Begriff Gleichgewicht wird in der Wirtschaftstheorie häufig verwendet. Ich definiere diesen Begriff als: Gleichgewicht ist der Lösungszustand eines Modells. Das klingt abstrakt, aber diese Definition ist treffend. Dabei bedeutet Lösungszustand keinesfalls Ruhezustand. Auch ein Bewegungsvorgang kann sich im Gleichgewicht befinden. Die Theorie befaßt sich dann mit gleichgewichtiger Bewegung.

Schon der Begriff Wirtschaftskreislauf weist auf eine Bewegung hin. Ein Kreislauf im Gleichgewicht reproduziert sich selbst. Auch das Wachstumsgleichgewicht stellt ein bewegtes Gleichgewicht dar: Alle Größen wachsen in immer wiederkehrenden, gleich hohen Raten.

Unter Ungleichgewicht verstehe ich nicht erreichtes, eventuell sogar nicht erreichbares Gleichgewicht.

In den fünfziger Jahren und zu Beginn der sechziger Jahre wurde häufig ein anderer Gleichgewichtsbegriff verwendet. Man sagte, Gleichgewicht bestehe, wenn die Erwartungen der Wirtschaftssubjekte in Erfüllung gehen, wenn keine Enttäuschungen wegen nicht erfüllter Pläne auftreten. Ich halte dieses Begriffsverständnis für unglücklich, weil damit die Sache nicht immer getroffen wird. Sinnvoll anwendbar ist ein solcher Gleichgewichtsbegriff nur in Modellen, in die tatsächlich Erwartungsgrößen eingehen. Das trifft jedoch nicht für jedes Modell zu.

Die Wirtschaftstheorie arbeitet darüber hinaus noch mit weiteren Gleichgewichtsbegriffen. Im Rahmen der komparativen Statik wird beispielsweise ein Gleichgewichtszustand A mit einem Gleichgewichtszustand B verglichen, oder man betrachtet den Übergangsprozeß von A nach B. Hier bezeichnet Ungleichgewicht den Zustand bis zum Erreichen des nächsten Gleichgewichts.

Die heutige makroökonomische Theorie kennt darüber hinaus noch die Sparte „Ungleichgewichtstheorie". Diese steht in der Tradition von *John Maynard Keynes*, stützt sich aber zusätzlich noch auf neoklassische oder marktwirtschaftliche Komponenten. Allerdings wird in diesen Betrachtungen gerade das, was Marktwirtschaften auszeichnet, ausgeschlossen: die flexible Reaktion der Preise bei Ungleichgewicht. Die sogenannten Fixpreismodelle der makroökonomischen Theorie erklären ein makroökonomisches Ungleichgewicht, zum Beispiel einen Angebotsüberschuß, damit, daß die Preise unflexibel seien. In Wirklichkeit ist nichts flexibler als die Preise – allenfalls bei den Löhnen mag man das bezweifeln. Generell ist es schon merkwürdig, wenn Ökonomen ausgerechnet die flexibelste Variable, den Preis, als fix annehmen und mit der Fixpreishypothese arbeiten, um Ungleichgewicht darstellen zu können.

Ungleichgewicht als Motor der wirtschaftlichen Evolution

Das Thema meines Referats meint wohl diese Art von Ungleichgewicht: mangelnde Gleichgewichtsfähigkeit, gestörte Anpassungsflexibilität. Die Ungleichgewichtstheorie sieht die Ursache von Störungen vor allem in der Inflexibilität der Preise, insbesondere am Arbeitsmarkt.

Ich möchte demgegenüber auf eine andere Bedeutung des Ungleichgewichts verweisen, und ich lege auf diesen Begriff besonderen Wert. Er gehört in den Rahmen einer dynamischen Analyse, wie sie heute die Neue Theorie der ökonomischen Evolution vertritt. Sie geht im wesentlichen auf *Schumpeter* und *von Hayek* zurück. In ihr wird der dynamische Wettbewerb als ein Prozeß begriffen, der durch vorstoßende Wettbewerber ständig neue Nahrung erhält. Wettbewerber erzielen im Innovations-Wettbewerb Pioniergewinne. Solche Wettbewerber werden von einer zweiten Kategorie von Wettbewerbern verfolgt, den Imitatoren. Diese halten einen Diffusionsprozeß in Gang. Die wirtschaftliche Entwicklung wird somit als ein Prozeß betrachtet, der fortwährend Ungleichgewicht hervorbringt. Ungleichgewicht ist die Ursache für Bewegung, Wachstum, Fortschritt, Entwicklung.

Die Neue Evolutorische Ökonomik, der wir diese Vorstellung des Ungleichgewichts verdanken, ist in Deutschland ein noch unterbesetzter Fachzweig. Immerhin hat sie einige Köpfe bewegt, seit *von Hayek* das entscheidende Stichwort gab[1]. Nach *von Hayek* ist Wettbewerb ein gesellschaftlicher Suchprozeß nach Neuem, nach Innovationen. Dynamischer Wettbewerb ist der Motor der wirtschaftlichen Entwicklung; Ungleichgewicht, das diesen dynamischen Prozeß in Gang bringt, ist erstrebenswert. Nennen wir es Ungleichgewicht vom Typ A. Ungleichgewicht ist somit nicht von vornherein schlecht. Ungleichgewicht ist die Realität evolutorischer Volkswirtschaften. Solange Wirtschaften im Ungleichgewicht sind, haben sie Schub, wachsen sie, entwickelt sich etwas. Ungleichgewichte dieser Art gilt es wirtschaftspolitisch zu fördern.

Daneben gibt es Ungleichgewicht, das die Entwicklung hemmt. Ein solches Ungleichgewicht bewirkt, daß eine Volkswirtschaft stockt, daß die Konjunktur abflacht oder zusammenbricht. Dementsprechende Prozesse oder Zustände charakterisieren schlechtes, nicht erstrebenswertes Ungleichgewicht: Ungleichgewicht vom Typ B.

Diese Gedanken liefern auch Orientierung, wenn über internationale Ungleichgewichte zu sprechen ist: Die internationale Arbeits- und Wissensteilung soll durch dynamischen Wettbewerb auf offenen Märkten zum Vorteil aller voranschreiten. Die Entwicklung des Wohlstands durch größere Märkte, durch Wettbewerb, durch Arbeitsteilung, das waren schon Erkenntnisse, über die *Adam Smith* vor mehr als zweihundert Jahren schrieb. Verhältnismäßig neu sind Aussagen über die Bedeutung der Wissensteilung. Diesen Begriff hat *Fritz Machlup* zur Charakterisierung der Ideen von *Friedrich A. von Hayek* erst vor einem Jahrzehnt in

---

1 *Friedrich A. von Hayek*, Wettbewerb als Entdeckungsverfahren; in: Freiburger Studien, Tübingen 1969.

Umlauf gebracht. *Machlup* sagte: Was *Hayek* meine, sei vergleichbar mit dem fundamentalen Gesichtspunkt der Arbeitsteilung, wie ihn *Adam Smith* formuliert habe, nur sei das Augenmerk *Hayeks* auf Wissensteilung gerichtet[2].

Beim Suchprozeß des dynamischen Wettbewerbs geht es darum, Innovationen zu kreieren, neues Wissen zu entdecken. Die Wirtschaftspolitik kann günstige Rahmenbedingungen für einen solchen Prozeß der weltweiten Wissensteilung schaffen, für einen Prozeß des Ungleichgewichts vom Typ A, für weltwirtschaftliche Evolution. Man kann ferner sagen: Die Wirtschaftspolitik sollte Ungleichgewichtszustände des Typs B vermeiden, die eine solche Entwicklung hemmen oder zum Stoppen bringen.

Die Funktionen des finanziellen Sektors

Betrachten wir nun den finanziellen Sektor: Was trägt der finanzielle Sektor zu einer Entwicklung weltweiter Wissensteilung bei?

Darauf kann ich zunächst nur eine negativ abgegrenzte Antwort geben: Nicht mehr und nicht weniger, als der finanzielle Sektor zur Entwicklung im nationalen Rahmen beiträgt. Die weltweite Betrachtung des finanziellen Sektors bringt qualitativ nichts Neues ins Bild. Für die Weltwirtschaft kann der finanzielle Sektor nichts anderes leisten als für die einzelnen Volkswirtschaften. So kann man zunächst fragen: Was ist die Aufgabe des finanziellen Sektors in einer Volkswirtschaft? Die Antwort hierauf liefert dann den Maßstab dafür, was ein weltweit gesehener finanzieller Sektor zum Prozeß der wirtschaftlichen Entwicklung beitragen kann.

Kurz gesagt: Der finanzielle Sektor ermöglicht unter evolutorischem Aspekt Zukunftswirtschaft. Schon in den ersten Semestern lernen Studenten eine Systematik der Geldfunktionen. Eine dieser Funktionen ist die „Wertaufbewahrungs- und Wertübertragungsfunktion" des Geldes. Deren Erfüllung schafft die Grundvoraussetzung effizienter Kapitalwirtschaft. – Was aber ist Kapitalwirtschaft?

---

2 Vgl. *Fritz Machlup*, Würdigung der Werke von Friedrich A. von Hayek; Tübingen 1977.

Gerade Ordnungstheoretiker haben sich gründlich mit Kapitalwirtschaft, mit Kapitaltheorie befaßt. So hat beispielsweise *Walter Eucken* nicht nur einen Band „Kapitaltheoretische Untersuchungen" über die österreichische oder temporale Kapitaltheorie veröffentlicht[3], *Eucken* hat in den „Grundlagen der Nationalökonomie" auch sehr anschauliche Beispiele dafür gegeben, wie wir temporal wirtschaften, nämlich nicht „von der Hand in den Mund", sondern in zeitlich tiefer Staffelung. Der Sinn einer funktionierenden Kapitalwirtschaft liegt darin, die zeitliche Staffelung des Produktionsprozesses zu ermöglichen. Kapitalwirtschaft bedeutet in diesem Rahmen nichts weiter als das Wirtschaften über lange Zeiträume hinweg.

Über die Zeit kann man nur mit Geld, und zwar mit gutem Geld, rechnen und effizient wirtschaften. Kapitalwirtschaft ist monetäre Wirtschaft. Wir müssen eine Folge von Zeitperioden ökonomisch aufeinander beziehen können. Dafür brauchen wir sowohl das Geld als auch den Zins. Anders ist kein Vergleich unterschiedlicher Entscheidungsalternativen möglich. Die Leistung des finanziellen Sektors besteht darin, daß er Kapital- oder einfach Zukunftswirtschaft ermöglicht.

Zukunftswirtschaft ist Risikowirtschaft. Ein zweiter Beitrag zur Bewältigung wirtschaftlicher Zukunftsprobleme, den der finanzielle Sektor leistet, besteht in der Risikoteilung mit dem realen Sektor. Dieser Aspekt der Risikoteilung steht ranggleich neben der Arbeits- und der Wissensteilung.

Der finanzielle Sektor kann gewisse Risiken übernehmen. Natürlich erfolgt das nach dem Prinzip „Ertrag gegen Sicherheit": Der reale Sektor erhält mehr Sicherheit, aber ihm wird weniger Ertrag belassen.

Die Übernahme von Risiken ist ein wesentlicher Beitrag des finanziellen Sektors. Freilich kommt noch die Vermittlung von Kredit, die Vermittlung zwischen Sparer und Investor, hinzu. Ich möchte diesen rein technischen Aspekt außer acht lassen und sagen, daß die wesentliche Aufgabe des finanziellen Sektors darin besteht, Risiken, die nicht versicherbar sind, durch passende Schuldverhältnisse weniger riskant zu machen, und zwar selbstverständlich unter Ertragsbeteiligung als einem Entgelt für die Absicherung gegen Risiken.

---
3 *Walter Eucken*, Kapitaltheoretische Untersuchungen; 2. Auflage: Tübingen 1954.

Im Prinzip bedeutet dies, daß über dem realen Sektor risikobezogen eine Kette von Verschuldungsverhältnissen aufgebaut wird. Diese Kette ist im Prinzip unendlich. Es können immer noch ein weiterer Gläubiger und immer noch ein Schuldner hinzukommen, ohne daß im realen Sektor etwas Zusätzliches geschieht. Gleichwohl gibt es eine ökonomische Obergrenze, deren Überschreitung Ineffizienz bedeutet.

Ökonomisch Sinnvolles leistet der finanzielle Überbau nur insoweit, als er eben der Risikoteilung dient. Dies bedeutet, daß zwischen dem realen und dem finanziellen Sektor gleichsam ein Nicht-Nullsummenspiel abläuft. Beide gewinnen etwas. Soweit und solange dies erreicht wird, leistet der finanzielle Überbau über dem realen Sektor einen produktiven Beitrag zur wirtschaftlichen Entwicklung insgesamt, und zwar in der Form der Risikoteilung. Dort, wo der Ertrag des finanziellen Sektors nur noch auf Kosten des realen Sektors geht und die Summe der Ertrags insgesamt gleich bleibt, wo also nur noch ein Nullsummenspiel zustandekommt, beginnt der Ausbau des finanziellen Überbaus ökonomisch sinnlos zu werden.

Hat sich der finanzielle Sektor vom realen Wirtschaftsgeschehen abgekoppelt?

Der internationale Geld- und Kapitalmarkt hat sich in den letzten Jahren enorm ausgeweitet. Die Liberalisierung des Geld- und Kapitalverkehrs und der Einfallsreichtum in bezug auf handelbare geldnahe Forderungen haben zu einer tiefen Staffelung der Risikoteilung geführt. Fortgesetzter Verkauf von Geldforderungen, die Verlängerung der Verschuldungsketten, kann einen finanziellen Überbau beliebigen Umfangs errichten. Haben wir heute, international gesehen, einen Überbau des finanziellen Sektors über dem realen, der schon zu weit fortgeschritten ist?

Die extremen Wechselkursschwankungen der letzten anderthalb Jahrzehnte haben gewiß mehrere Ursachen. Auch rein spekulative Transaktionen um Vorteile beim Nullsummenspiel innerhalb des finanziellen Sektors haben dazu beigetragen. Was immer durch solche Transaktionen gewonnen oder verloren wird, es berührt nur die Verhältnisse innerhalb des finanziellen Sektors. Realwirtschaftlich gesehen geschieht hierdurch nichts – allenfalls in sekundärer Folge, aber ohne realwirtschaftliche Veranlassung.

Einen Beleg für das „Abgehobensein" des finanziellen Sektors haben wir jüngst kennengelernt. Der Börsenkrach vom 19. Oktober 1987 hatte mit der realen Wirtschaft primär nichts zu tun, und er hat sie auch sekundär unberührt gelassen. Was sich abspielte, war ein Nullsummenspiel zwischen Geld- und Wertpapierbesitzern im finanziellen Sektor. Manche haben etwas gewonnen, andere etwas verloren. Selbst die Verlierer haben dem Markt die Kurskorrekturen um 20 oder 25 Prozent gar nicht übelnehmen können, denn zuvor waren ja diese Kurse enorm gestiegen. Die Börsenumsätze waren durch den finanziellen Sektor bedingt, genährt aus irgendwelchen Erwartungen, praktisch losgelöst von realwirtschaftlichen Zusammenhängen, und deswegen auch ohne sekundären Einfluß darauf.

Es gibt Leute, die dem Börsenkrach eine konjunkturelle Wirkung zuschreiben. Aber die Konjunktur läuft blendend. So hätte der Börsenkrach die Konjunktur nicht gestört, sondern sogar angeregt? Oder sollte man annehmen, was die Wirtschaftsforschungsinstitute im zweiten Satz ihres Herbstgutachtens beiläufig bemerken: „Die dämpfenden Wirkungen des Börsenkrachs vom Oktober 1987 wurden rasch überwunden"?

Die dämpfenden Wirkungen? Welche? Falls es welche gab, so haben sie jedenfalls nicht angehalten, sie wurden alsbald überwunden. Ein solches Argumentationsmuster erinnert an marxistische Dialektik: Die von *Karl Marx* erkannten Gesetze wirken im Grunde immer, auch wenn sie von aktuellen Gegentendenzen überlagert werden. Hier heißt dies: Die dämpfenden Wirkungen wurden von nichtdämpfenden Gegentendenzen überwunden. Mit solchen Aussagen kann man nichts anfangen. Ich nehme den Börsenkrach und seine konjunkturellen Nicht-Auswirkungen als Beleg für eine teilweise Abkoppelung des finanziellen Sektors vom realen Sektor.

Fehllenkungen von Realkapital

Die Währungspolitik steht vor der Aufgabe, das System flexibler Kurse aus den Nullsummenspielen des finanziellen Sektors herauszuhalten. Die kurzfristige Volatilität der Wechselkurse hat längerfristig negative Wirkungen. In der „American Economic Review" ist soeben ein Beitrag erschienen, der nachweist, daß Veränderungen der Wechselkurse realwirtschaftlich nicht als vorübergehend und unwirksam angesehen werden können, sondern daß sie reale Auswirkungen haben[4]. Wenn sie hinreichend lange anhalten, erfolgen Anpassungen, gleichgültig, ob die Kurse richtig oder falsch sind.

Seit dem Zusammenbruch des Bretton-Woods-Festkurssystems und dem etwa gleichzeitigen ersten Ölpreisschock ist weltweit das Volumen der Leistungsbilanzsalden erheblich angestiegen. Wir haben, wenn wir die Statistik der Leistungsbilanzsalden betrachten, über der Zeitachse bis 1973 keine Bewegung, ab 1973 jedoch einen sprunghaften Anstieg. Und dieser Anstieg der Salden blieb seither erhalten.

Die weltwirtschaftliche Entwicklung erfordert Ungleichgewichte des A-Typs. Von den reichen Ländern soll ein Realkapitalstrom in die Entwicklungsländer fließen. Das liegt ganz im Sinne der evolutorischen Entwicklung der Weltwirtschaft. Eine entsprechende Kapitalverkehrsbilanz muß für den Ausgleich in der Zahlungsbilanz insgesamt sorgen.

Ein zweites Ungleichgewicht hat jüngst die *Reagan*-Ära mit sich gebracht, nämlich das duale Ungleichgewicht in der Handelsbilanz und im Budget der USA. Man mag darüber streiten, ob es sich in diesem Falle um Ungleichgewicht des Typs A handelt. Mit beiden Ungleichgewichtsfällen haben wir es heute weltwirtschaftlich zu tun.

Daß Kapital in unterkapitalisierte Räume fließt, ist weltwirtschaftlich sinnvoll. Wenn wir fragen, warum das nicht funktioniert, erkennen wir, daß grundlegende Voraussetzungen fehlen, die früher den Realkapitaltransfer gesteuert haben. Die Wirtschaftsgeschichte liefert hierfür zahlreiche Beispiele, etwa

☐ den Realkapitaltransfer in der beginnenden Industrialisierung von England nach Europa,

☐ den Realkapitaltransfer von England und Europa in die USA am Ende des 19. Jahrhunderts – beides waren riesige Kapitalbewegungen –,

☐ den Realkapitaltransfer aus europäischen Ländern, insbesondere England, Frankreich, Belgien, Deutschland, in das zaristische Rußland seit 1870 bis zum Beginn des Ersten Weltkriegs. Dieser gewaltige Kapitaltransfer wurde durch die Oktober-Revolution abgebrochen.

---

4 *R. E. Baldwin*, Hysteresis in Import Prices: The Beachhead Effect; in: American Economic Review, Band 78 (1988), Seiten 773 ff.

Aber die deutsche chemische und die elektrotechnische Industrie hatten im zaristischen Rußland festen Fuß gefaßt: in Moskau, in Leningrad und am Schwarzen Meer.

Diese gelungenen Realkapitaltransfers waren mit der Übertragung von Know-how und der Absicht verbunden, am Ort zu produzieren und die Märkte vor Ort zu entwickeln. Heute verbinden sich mit dem Kapitaltransfer in unterkapitalisierte Räume ganz andere Vorstellungen. Heute meint man, daß das soeben in die Entwicklungsländer geflossene Kapital sofort wieder zurückfließen sollte, daß es dort nicht heimisch werden dürfe.

Vergleicht man die früher gelungenen Realkapitalexporte größeren Maßstabs mit dem heutigen Kapitaltransfer in die Entwicklungsländer, so springt ins Auge, wie unvorteilhaft die wirtschaftlichen Rahmenbedingungen dafür heute sind und weshalb der Erfolg, den man im Sinne einer weltwirtschaftlichen Entwicklung wünscht, nicht eintritt.

Heute ist zudem keineswegs gesichert, was man vor zwanzig Jahren noch sagen konnte, daß durch die hohen Löhne in den industrialisierten Ländern die Entwicklungsländer am Weltmarkt konkurrenzfähig werden. Viele Entwicklungen der Produktionstechnik verringern den Anteil der Löhne an den Herstellungskosten der international gehandelten Waren – mit dem Ergebnis, daß hier produzierte Waren durchaus konkurrenzfähig bleiben. Dies gilt insbesondere für die sogenannten „intelligenten" Produkte, die auch intelligente Maschinen und intelligente Bedienung von Maschinen voraussetzen.

An all dem mangelt es in Entwicklungsländern. Deswegen sehe ich bezüglich des Ungleichgewichts, das ich ein Ungleichgewicht vom Typ A nenne – des weltwirtschaftlichen Ungleichgewichts zum Vorantreiben der weltwirtschaftlichen Evolution –, grundlegende Voraussetzungen als nicht gegeben an.

Auch der Realkapitalimport der USA stellt keine realwirtschaftliche Notwendigkeit dar. Ein reiches Land sollte es nicht nötig haben, woanders Kapital zu akquirieren. Vorübergehend mag das angehen, aber auf die Dauer sollte die reiche Volkswirtschaft der USA aus eigener Kraft akkumulieren. Etwas anderes macht evolutionstheoretisch keinen Sinn. Es ist kontraproduktiv, trotz gegenteiliger Behauptungen. – Ich klammere bei dieser Feststellung gewisse konjunkturelle Vorteile kurzfristiger Art aus, weil sie auch Nachteile haben, die sich erst längerfristig auswirken[5].

Das duale Ungleichgewicht der USA kann nur überwunden werden, indem Haushaltsdisziplin gewahrt wird und Wettbewerbsleistungen erbracht werden, die die Löcher in Budget und Handelsbilanz wirksam verstopfen.

Unlösbare Probleme, Übergangsprozesse und wirtschaftspolitische Aufgaben

Die Probleme internationaler Ungleichgewichte liegen ökonomisch tiefer, als die krampfhafte Suche nach Lösungsrezepten und die Daueraufrufe zu kurzfristigem Krisenmanagement suggerieren. Sie können auch nicht allein durch Verhandlungen gelöst werden. Vielmehr müssen grundlegende Bedingungen geändert werden:

☐ Da ist zunächst das unlösbare Problem des Realtransfers in Entwicklungsländer – unlösbar unter den Bedingungen privaten Kapitalexports, der sich nicht nur bei der Weltmarktverwertung, sondern auch bei der Verwertung des Kapitals vor Ort rentieren muß. Wenn letzteres nicht zu verwirklichen ist, wenn alles investierte Kapital ohnehin nur abströmen will, kann das nicht gelingen.

Was dann bleibt, ist Entwicklungshilfe; auch im Falle anfänglich gewährter Kredite, die sich entwerten, ist es am Ende Hilfe. Ich bin in dieser Hinsicht so skeptisch, weil ich schon vor fast dreißig Jahren im Bundesfinanzministerium mit Entwicklungshilfe zu tun hatte. Damals haben wir die ersten Statistiken über unsere Entwicklungshilfe angefertigt, damit wir international etwas vorzuweisen hatten.

Zu jener Zeit galt ein Mittelaufkommen von einem Prozent des Sozialprodukts als erstrebenswerte Normleistung für die Hilfe an Entwicklungsländer. Die sechziger Jahre wurden zum „Jahrzehnt der Entwicklungshilfe" ausgerufen. Wir stehen jetzt vor den neunziger Jahren

---

5 Das duale Ungleichgewicht der USA möchte ich zwar nicht als ausgesprochen störend charakterisieren. Es paßt einfach nicht in die Landschaft. Gewiß brachte es konjunkturell belebende Wirkungen für gewisse Länder mit sich. Die sogenannten „kleinen Tiger" haben durch ihre feste Bindung an den Dollar in dieser Phase des Kapitalsogs in die USA Riesengeschäfte gemacht. Aber für die europäischen Länder trifft das Argument nicht in gleicher Weise zu. Die Konjunkturlokomotive USA hat über den von ihr hochgehaltenen Zins auch konjunkturdämpfend gewirkt.

und nichts ist besser geworden. Deswegen halte ich das Problem im Grunde für ökonomisch unlösbar.

☐ Wir haben im finanziellen Sektor eine fortschreitende Risikoteilung. Mittels der Erfindung von Finanzinnovationen breitet sich dieser Prozeß aus. Das ist ein ökonomisch zweckvoller Übergangsprozeß bis zu dem Punkt, an dem diese Risikoteilung ihre Grenze hat. Viele meinen, der Erfindungsreichtum im finanziellen Sektor sei unerschöpflich und aus ihm kämen die Impulse für Wirtschaftswachstum. Diese Ansicht teile ich nicht.

☐ Das Problem der Volatilität der Wechselkurse wird lösbar, wenn wir diesen Übergangsprozeß hinter uns haben, wenn also ein neues weltweites Gleichgewichtsniveau der Risikoteilung zwischen finanziellem und realem Sektor gefunden ist. Nach Abschluß dieses Übergangsprozesses wird sich eine Beruhigung einstellen. Möglicherweise sind wir bereits am Ende dieses Übergangsprozesses. Ich kann das nicht beurteilen. Jedenfalls bringt eine Phase des Übergangs Unsicherheit mit sich und eine dementsprechende hohe Volatilität der Wechselkurse.

☐ Das Problem der Verschuldung der USA sollte hingegen leicht lösbar sein. Nirgendwo ist ein Beleg dafür erkennbar, daß die weltwirtschaftliche Entwicklung eine Verschuldung gerade der am weitesten vorn liegenden Volkswirtschaften bei den ärmeren Ländern erfordert, die das Kapital doch gar nicht aufbringen können.

Konzepte internationaler Geld- und Währungspolitik: Erfahrungen und Möglichkeiten

Peter-W. Schlüter

Währungspolitische Kooperation im Bretton-Woods-System
Mangel an wirtschaftspolitischer Übereinstimmung in den siebziger Jahren
Wirtschaftspolitische Disziplin im Europäischen Währungssystem
Die Notwendigkeit von Konsultationen und Abstimmungen
Institutionelle Grundbedingungen europaweiter Stabilisierungspolitik
Grenzen der wirtschaftspolitischen Zusammenarbeit
Dollar-Stabilisierung: Voraussetzung zur Sanierung der Weltwährungsordnung

---

Im Rückblick auf die Erfahrungen mit der internationalen Geld- und Währungspolitik ist es gut, sich zu erinnern, daß im April 1985 die Zehnergruppe einen Bericht ihrer Stellvertreter über das Funktionieren des internationalen Währungssystems veröffentlichte. Der Bericht kam zum Schluß, daß das System des Floating keiner grundlegenden institutionellen Änderung bedürfe. Der Dollar hatte gerade seinen Höchstpunkt überschritten, und die Notenbanken der großen Industrieländer hatten der Kurskorrektur, die unter Mitwirkung der USA an den Dollarmärkten in Gang gekommen war, durch Interventionen Nachdruck verliehen. Nach überwiegender Meinung galt der Dollar damals als stark überbewertet.

Nur ein halbes Jahr später, am 22. September 1985, trafen sich die Minister und Notenbankgouverneure der Fünfergruppe im New Yorker Plaza-Hotel und setzten einen Prozeß in Gang, der ein stärkeres Engagement der Beteiligten zugunsten geordneter außenwirtschaftlicher Anpassung und Wechselkursstabilität erkennen ließ, als dies vorher der Fall gewesen war. Der Plaza-Akkord zielte darauf, den Dollar gegenüber wichtigen Partnerwährungen weiter abzuwerten oder – um es in der Sprache des Kommuniqués auszudrücken – die wichtigen Nicht-Dollar-Währungen gegenüber dem Dollar auf geordnete Weise weiter aufzuwerten und damit zu realistischeren Wechselkursen zurückzukommen.

Im Februar 1987 kam es dann zum sogenannten Louvre-Akkord, der die eingegangenen wirtschafts-, finanz- und währungspolitischen Verpflichtungen bekräftigte, zugleich aber nunmehr die Wechselkursstabilisierung auf dem erreichten Niveau – „around current levels" – in den Vordergrund stellte.

Man war der Meinung, daß die inzwischen eingetretenen Wechselkurskorrekturen in etwa ausreichten, um im Zusammenwirken mit den in Gang gekommenen binnenwirtschaftlichen Anpassungen die gewünschte außenwirtschaftliche Anpassung zu gewährleisten.

Währungspolitische Kooperation im Bretton-Woods-System

Der durch die Fünfer- und Siebenergruppen eingeleitete Prozeß ist manchen Anfechtungen unterworfen und wird zum Teil heftig kritisiert. Professor *Feldstein,* der frühere Vorsitzende des Wirtschaftsberaterstabs von

Präsident *Reagan,* sieht darin den untauglichen Versuch, den tatsächlichen Erfordernissen wirtschafts- und finanzpolitischer Anpassungen auszuweichen. Der Prozeß gebe darüber hinaus Gelegenheit zu Schuldzuweisungen an Partnerländer, vor allem an Japan und die Bundesrepublik, die von der Eigenverantwortung der USA ablenken.

In den darüber geführten Diskussionen wird aber auch eine Antwort auf die Frage gesucht, wie das künftige internationale Währungssystem aussehen könnte, in das die gemeinsamen Bemühungen im Kreis der Siebenergruppe einmünden sollen. Dies sollte ein System sein, das auch den anderen Ländern wieder ein stärkeres Mitspracherecht gibt und alle Länder, jedenfalls grundsätzlich, den gleichen Verpflichtungen unterwirft.

Bekanntlich verpflichten die Abkommensbestimmungen des Internationalen Währungsfonds „jedes Mitglied zur Zusammenarbeit mit dem Fonds und anderen Mitgliedern, um geordnete Wechselkursregelungen zu gewährleisten und ein stabiles Wechselkurssystem zu fördern" (Art. IV, 1). Unter den ursprünglichen Regeln des Bretton-Woods-Abkommens mit seinen festen Gold- und Dollar-Paritäten waren Interventionen an den Devisenmärkten in Verbindung mit der nationalen Geldpolitik die beiden wichtigsten Instrumente, mit deren Hilfe die Wechselkurse innerhalb enger Bandbreiten um die vereinbarten Paritäten gehalten wurden. Der Dollar diente als wichtigste Interventions- und Reservewährung und erfüllte zugleich die Funktion eines stabilen Ankers des ganzen Systems. Paritätsänderungen waren von der Zustimmung des Internationalen Währungsfonds abhängig, die nur im Falle eines fundamentalen Ungleichgewichts gegeben wurde.

Die Verpflichtung zur Zusammenarbeit mit dem Internationalen Währungsfonds deckt ein breites Feld ab. Ich denke etwa an die Bereitstellung statistischer Unterlagen, regelmäßige Konsultationen über Devisenrestriktionen und ihre Begründung, Teilnahme an Finanzierungsoperationen und anderes mehr. Die effektive Kooperation und Koordinierung der Wirtschafts- und Währungspolitik im Rahmen des Internationalen Währungsfonds beschränkte sich jedoch hauptsächlich auf Situationen, in denen einzelne Mitgliedsländer auf die finanziellen Mittel des Internationalen Währungsfonds zurückgriffen oder Paritätsänderungen vornehmen mußten.

Die Notwendigkeit effektiver Zusammenarbeit wie auch das ihr innewohnende Konfliktpotential waren in diesem Fixkurssystem begrenzt.

Daß das System funktionierte, wird gern der Hegemonialrolle der Vereinigten Staaten zugeschrieben; und daß es zusammenbrach, der Tatsache, daß diese Rolle schließlich von anderen großen Industrieländern in Frage gestellt wurde. In Wirklichkeit dürfte der Zusammenbruch unvermeidlich geworden sein, als die USA nicht mehr in der Lage oder bereit waren, ihrer Verantwortung für die Schlüsselwährung und den Stabilitätsanker des Systems in überzeugender Weise nachzukommen. Der Übergang zum Floating der Wechselkurse wichtiger Währungen gegenüber dem Dollar war so gesehen ein Mißtrauensvotum in die Wirtschafts-, Finanz- und Währungspolitik des Schlüsselwährungslandes USA.

Die Rückkehr zu festen Wechselkursen, wie sie der Zwanziger-Ausschuß über die Reform des internationalen Währungssystems anstrebte, erwies sich angesichts des Ölpreisschocks der siebziger Jahre und der davon ausgehenden Wirkungen auf die Leistungs- und Zahlungsbilanzen der Industrie- und Entwicklungsländer als unrealistisch. Auch wurde immer deutlicher, daß das rasch wachsende Potential internationaler Kapitalbewegungen den Versuch, die Wechselkurse zu fixieren, wenig aussichtsreich machte.

Mangel an wirtschaftspolitischer Übereinstimmung in den siebziger Jahren

Zwar erwiesen sich die traditionellen Argumente für flexible Wechselkurse, wie sie von zahlreichen Akademikern seit langem vorgebracht worden waren, zunehmend als fragwürdig, denn die frei schwankenden Wechselkurse verhielten sich gar nicht wie „im Textbuch vorgesehen". Sie schwankten immer stärker und neigten zum Überschießen; sie bewirkten auch keine automatische Korrektur von Ungleichgewichten, die auf Dauer inakzeptabel sein mußten und protektionistische Reaktionen befürchten ließen.

Aber die angelsächsische Bekehrung zur monetaristischen Theologie lieferte eine neue intellektuelle Begründung des Konzepts frei schwankender Wechselkurse, weil eine an Geldmengenzielen orientierte Geldpolitik logischerweise nicht gleichzeitig auf die Erfordernisse fester Wechselkurse ausgerichtet werden konnte. Dies ist bis heute noch ein wesentliches Argument gegen den Beitritt Großbritanniens zum

Wechselkursmechanismus des Europäischen Währungssystems. Für Länder wie die Bundesrepublik, mit ihrer vergleichsweise geringen hausgemachten Inflation, bot das Floating die notwendige außenwirtschaftliche Absicherung gegenüber importierter Inflation.

Die Welt des Floating war für wirtschafts- und währungspolitische Zusammenarbeit und Koordinierung nicht besonders günstig. Der Internationale Währungsfonds brauchte ohnedies Zeit, sich an die neue Situation anzupassen. Er mußte sich erst einmal anderen Aufgaben zuwenden, so der Finanzierung ölpreisbedingter Zahlungsbilanzdefizite mit Hilfe besonderer Kreditfazilitäten.

Die routinemäßigen Zusammentreffen im Rahmen der OECD litten unter der mangelnden Bereitschaft der USA, die dort betriebenen Aktivitäten ernst zu nehmen. Man wollte die Dinge lieber den Marktkräften überlassen. Wo nötig, beschränkte man sich auf die ad hoc-Zusammenarbeit zwischen den größten Partnern; so bereits in den Jahren 1978/79, also noch unter Präsident *Carter,* als man dem fortschreitenden Dollarverfall Einhalt gebieten wollte.

Auf den regelmäßigen Gipfelkonferenzen wurde die Notwendigkeit unterstrichen, daß jedes Land „sein Haus in Ordnung halten" und die auf mittlere Frist verfolgte Wirtschaftspolitik mit der anderer Partner vereinbar sein sollte. Der wohl spektakulärste Versuch direkter, auf abgestimmte Ziele ausgerichteter makroökonomischer Koordinierung wurde auf dem Bonner Gipfel Mitte 1978 unternommen – freilich mit eher zwiespältigen Resultaten.

Wirtschaftspolitische Disziplin im Europäischen Währungssystem

In Europa wurde mit der „Währungsschlange" schon frühzeitig eine Alternative zum Floating aufgezeigt. Daraus wurde dann ein kleiner D-Mark-Block, nachdem die größeren EG-Partner der Bundesrepublik sich nicht in der Lage sahen oder nicht gewillt waren, den Anforderungen eines regionalen Festkurssystems gerecht zu werden.

Das Europäische Währungssystem machte feste, wenngleich anpassungsfähige Wechselkurse wieder zu einem Anliegen der gesamten Gemeinschaft, auch wenn Großbritannien sich der vollen Teilnahme weiterhin verschließt. Es führte einige neue Konstruktionselemente ein, von denen einige freilich die in sie gesetzten Erwartungen nicht erfüllt haben. Das gilt vor allem für die ECU, die im Zentrum des Systems stehen sollte, und für den darauf aufbauenden Divergenzindikator, der Handlungszwänge auslösen sollte, wenn eine Währung vom ECU-Durchschnitt über ein bestimmtes Maß abwich. Statt der ECU steht die Deutsche Mark im Zentrum des Europäischen Währungssystems. Sie – oder besser die am Ziel der Geldwertstabilität ausgerichtete Geldpolitik der Bundesbank – liefert den Stabilitätsanker des Systems.

Den Partnerländern der Bundesrepublik scheint freilich die zentrale Rolle der Deutschen Mark in dem Maße zu mißfallen, wie ihre eigenen Inflationsraten zurückgehen und der Zwang, sich an der Deutschen Mark und der Geldpolitik der Bundesbank auszurichten, gewissermaßen als Behinderung beim Versuch empfunden wird, anderen wirtschaftspolitischen Zielen stärkeres Gewicht zu geben. Deshalb der Ruf nach gemeinsamer Zielbestimmung und geldpolitischer Koordinierung anstelle der allzu einseitigen Ausrichtung an der Deutschen Mark.

Tatsächlich kann das Europäische Währungssystem für das, was wirtschafts- und währungspolitische Zusammenarbeit und Koordinierung zu leisten oder nicht zu leisten vermag, einigen Anschauungsunterricht liefern. Die Disziplin des Europäischen Währungssystems funktioniert – anders als die des Bretton-Woods-Systems – nicht quasi-automatisch. Sie wird also nicht allein durch die Regeln des Systems gewährleistet, und dafür ist die Verpflichtung auf feste Wechselkurse auch nicht absolut genug. Außerdem nehmen noch nicht alle EG-Mitgliedstaaten in vollem Umfang an dem System teil.

Im Europäischen Währungssystem hat es, besonders in der ersten Phase, zahlreiche Leitkursanpassungen gegeben, die ein notwendiges Ventil bei zunehmenden Spannungen an den Devisenmärkten waren und als Beleg nicht ausreichender binnenwirtschaftlicher Disziplin gelten müssen. Die Inflationsraten gingen zwar überall zurück, ohne daß freilich bis 1983 auch das Inflationsgefälle wesentlich abgenommen hätte. Erst nach 1983 ist der Inflationsabstand zur Deutschen Mark allmählich geringer geworden.

Tatsächlich war 1982 ein Wendepunkt, als die französische Regierung sich nach schwierigen Diskussionen für den Verbleib im Europäischen Währungssystem und gegen eine Politik entschied, die dem Wunsch nach höherem Wirtschaftswachstum und möglichst hoher Beschäftigung auch um den Preis höherer Inflationsraten Raum gegeben und damit der

Inflationsmentalität wohl erneut Tür und Tor geöffnet hätte. Aus Sicht eines Landes wie Frankreich hat das Europäische Währungssystem eine entscheidende Rolle als Instrument einer Politik der Stabilität gehabt und hat sie weiterhin, wie zahlreiche Erklärungen verantwortlicher Politiker belegen.

Die Notwendigkeit von Konsultationen und Abstimmungen

Regelmäßige Konsultationen und die Zusammenarbeit auf verschiedenen Ebenen sind ein wichtiger Teil des Europäischen Währungssystems. Die tägliche Abstimmung unter den Notenbanken – das sogenannte Konzertationsverfahren – spielt dabei ebenso eine Rolle wie Zusammenkünfte verschiedener Gremien in Brüssel, Basel und anderswo. Ob sich dies alles zu systematischer wirtschaftspolitischer Koordinierung addiert, die in konkrete Maßnahmen einmündet und die jeweilige nationale Politik wesentlich modifiziert, mag eine offene Frage bleiben. Die Realität beinhaltet anscheinend mehr als das, nämlich

☐ Selbstdisziplin, die auf von allen geteilten Zielen und Sorgen beruht;

☐ das gute Beispiel des Schlüsselwährungslandes, insbesondere in bezug auf die Geldwertstabilität, das auch von anderen akzeptiert wird;

☐ Regeln für das Funktionieren des Wechslkursmechanismus und schließlich

☐ Zusammenarbeit auf permanenter Basis im Geiste des gegenseitigen Vertrauens und Respekts, unabhängig vom wirtschaftlichen Gewicht.

Die Kombination dieser Elemente scheint den Erfolg des Europäischen Währungssystems besser zu erklären als die Betonung des einen oder des anderen Elements. Und das Fehlen eines oder mehrerer dieser Elemente erklärt möglicherweise die Schwierigkeiten von Stabilisierungsbemühungen auf globaler Ebene.

Institutionelle Grundbedingungen europaweiter Stabilisierungspolitik

Die Bezugnahme auf Selbstdisziplin legt eine Parallele zur bekannten

„Haus-in-Ordnung"-Philosohpie nahe, die vor einem Jahrzehnt auch Eingang in das Abkommen über den Internationalen Währungsfonds gefunden hat. Danach sollte jedes Land sein Haus in Ordnung halten und die dafür erforderliche Wirtschaftspolitik betreiben, dann würden die Wechselkurse auch stabil sein. Die Gipfelerklärungen früherer Jahre haben dieser These ebenfalls Tribut gezollt.

Es hat sich aber gezeigt, daß eine auf stabile Grundbedingungen ausgerichtete Wirtschaftspolitik in den beteiligten Ländern zwar eine notwendige Voraussetzung für dauerhafte stabile und realistische Wechselkurse ist, aber keine ausreichende Voraussetzung. Auch die besten Bemühungen auf nationaler Ebene lassen Raum für unvereinbare nationale Zielsetzungen und für Entwicklungen, die zur Instabilität und sogar zu einem Überschießen der Wechselkurse führen können.

Das amerikanische Beispiel ist in dieser Hinsicht sehr instruktiv. Die Geldpolitik in den USA war ab 1979 klar auf die Inflationsbekämpfung ausgerichtet; die Politik der Steuersenkungen auf Wirtschaftswachstum und hohe Beschäftigung. Grundsätzlich war gegen eine solche Politik nichts einzuwenden. Die Erholung des Dollars von seinem Tiefpunkt im Jahre 1980 wurde als Ausdruck des Vertrauens in die *Reagan*sche Politik verstanden, national wie international. Als der Dollar aber immer höher stieg und selbst dazu beitrug, daß sich die amerikanische Handels- und Leistungsbilanz immer mehr verschlechterte, hätte eine größere Bereitschaft zu Zusammenarbeit, Diskussion und gegenseitige Rücksichtnahme mithelfen können, eine ernste Fehlentwicklung zu vermeiden. Statt dessen praktizierten die USA eine Politik des „benign neglect", predigten die Allwissenheit des Marktes und machten auch gelegentlich Bemühungen ihrer Partner zunichte, indem sie Interventionen an den Devisenmärkten von vornherein für verfehlt erklärten.

Gute Wirtschaftspolitik verlangt die Anerkennung einiger Grundwahrheiten, an die *Olaf Sievert* vor einiger Zeit erinnert hat[1]. Einige davon seien hier als bedeutsam auch für internationale Diskussionen genannt:

☐ Geld muß knapp sein, und Inflation ist kontraproduktiv;

☐ Öffentliche Verschuldung sollte begrenzt werden, und ein wachsender Staatsanteil wird zur Belastung;

---

1 Vgl. *Olaf Sievert*, Weise, Mahner und Propheten; in: Frankfurter Allgemeine Zeitung, Ausgabe vom 13. August 1988.

☐ Leistungsbilanzdefizite und zunehmende Auslandsverschuldung müssen in Grenzen gehalten werden, weil sie eine Bereitschaft signalisieren, über die Verhältnisse zu leben;

☐ Marktmechanismen sollten Vorrang vor staatlicher Regulierung haben, und Protektionismus muß vermieden werden.

Die Beachtung solcher Grundsätze kann schwierig sein. Deshalb gibt es institutionelle Vorkehrungen wie zum Beispiel die Verpflichtung der Notenbanken auf Geldwertstabilität, ihre politische Unabhängigkeit, die Begrenzung der Staatsverschuldung, die Antikartellgesetzgebung und anderes mehr.

Ohne solche Vorkehrungen wird es auch in der künftigen europäischen Wirtschafts- und Währungsunion nicht abgehen. Auf globaler Ebene sind sie derzeit nicht in gleicher Weise vorstellbar. Sie sind auch nicht nötig, weil die Wechselkursstabilisierung auf der Grundlage engerer wirtschaftspolitischer Koordinierung nicht in eine Währungsunion einmünden soll. Aber Orientierung an solchen Grundsätzen seitens der wichtigen Länder – mit den Vereinigten Staaten an der Spitze – könnte drei Zwecken dienen:

☐ Sie könnte die Last der Zusammenarbeit und wirtschaftspolitischen Koordinierung verringern und Spannungen mit politischen Untertönen vermeiden helfen;

☐ Sie könnte die Rückkehr zu einem System ermöglichen, das fest an einer Schlüsselwährung verankert ist;

☐ Sie würde dem System den Anspruch größerer Symmetrie geben, bei der die größeren Partner auf Selbstdisziplin verpflichtet wären und die kleineren Partner Verhaltensregeln beachten, die sicherstellen, daß die Wirtschafts-, Finanz- und Geldpolitik einzelner Länder konsistent ist.

Grenzen der wirtschaftspolitischen Zusammenarbeit

Zusammenarbeit und wirtschaftspolitische Koordinierung können hilfreich sein, die Konsequenzen inkonsistenten Verhaltens zu korrigieren, mit denen trotz Ausrichtung der Wirtschaftspolitik einzelner Länder an den genannten Grundsätzen immer noch gerechnet werden muß.

Die Koordinierung sollte die Bemühungen einzelner Länder um gesunde Wirtschafts-, Finanz- und Geldpolitik unterstützen und nicht etwa erwarten, daß sich diese Länder zu Maßnahmen bereit finden, die sie bewußt unterlassen oder verworfen haben. In der Tat erscheint es widersprüchlich, von wirtschaftspolitischer Koordinierung die Korrektur von Unvereinbarkeiten und deren Konsequenzen zu erhoffen. Wenn einzelne Länder auf Zielen und Verhaltensweisen beharren, die eindeutig als unvereinbar mit denen anderer Partner gelten müssen und wenn diese Länder ihr Verhalten auch gegen die Marktdisziplin lange Zeit durchhalten können, wird sie auch kein wirtschaftspolitischer Koordinierungsversuch zu anderem Verhalten bekehren können.

Selbstdisziplin und Bereitschaft zu Zusammenarbeit und wirtschaftspolitischer Koordinierung können letztlich aber nur die Grundbedingungen für ein dauerhaft stabiles Währungssystem liefern. Sie müssen auch um bestimmte Regeln ergänzt werden, wie sie unter den Zentralbanken des Europäischen Währungssystems vereinbart worden sind. Markterwartungen können durch solche Regeln positiv beeinflußt werden, vorausgesetzt, die Grundbedingungen sind in der richtigen Weise vorgegeben.

Die Stabilisierung der internationalen Währungsbeziehungen wird nicht über Nacht gelingen, nachdem über Jahre hinweg Wechselkursinstabilitäten und Wechselkursverwerfungen großen Ausmaßes vorherrschten. Im Europäischen Währungssystem hat dieser Prozeß Jahre benötigt und ist noch nicht endgültig vollzogen. Auf globaler Ebene macht die Koexistenz mehrerer wichtiger Währungen, die als internationale Anlage- und Reservewährungen eine Rolle spielen, es noch weit schwieriger, die Markterwartungen zu stabilisieren. Die Wiederherstellung eines weltweiten Festkurssystems gemäß dem Europäischen Währungssystem erscheint deshalb verfrüht und wäre sogar gefährlich. Das Weiterbestehen großer außenwirtschaftlicher Ungleichgewichte spricht ohnedies dagegen.

Dollar-Stabilisierung: Voraussetzung zur Sanierung der Weltwährungsordnung

Manche der als Alternative zum Floating wie auch zu einem Festkurssystem angebotenen Modelle sehen zu sehr nach einem „half-way-house" aus, das die Nachteile beider Ausgangsmodelle stärker auf sich vereinigen dürfte als deren Vorzüge. Das gilt für das vieldiskutierte Konzept von Zielzonen für die Wechselkurse, für die inzwischen gern ins Feld geführt wird, daß die Siebenergruppe angeblich bereits eine Variante dieses Konzepts praktiziere. Hier scheinen eher Zweifel angebracht, auch wenn bestimmte Vorstellungen über angemessene Wechselkursrelationen Teil des Konzepts der Zusammenarbeit und wirtschaftspolitischer Koordinierung im Rahmen dieser Gruppe sind. Auch andere Vorschläge erscheinen bei näherer Betrachtung kaum praktikabel, selbst wenn sie als Modell, ausgehend von den ihnen zugrunde liegenden Annahmen, schlüssig zu sein scheinen.

Wenn nicht alles täuscht, wird dauerhafte Stabilität der Wechselkurse auf globaler Basis auf absehbare Zeit nur zu erreichen sein, wenn die Grundbedingungen guter Wirtschafts-, Finanz- und Geldpolitik von den größeren Industrieländern, allen voran den Vereinigten Staaten, wieder in einem ausreichenden Maße beachtet werden und der Dollar als wichtigste internationale Währung wieder die Funktion eines verläßlichen Stabilitätsankers übernimmt.

Dafür gibt es auf absehbare Zeit keinen wirklichen Ersatz, etwa in Form der Sonderziehungsrechte beim Internationalen Währungsfonds. Ebensowenig kann die ECU im Europäischen Währungssystem ohne weiteres ein Ersatz für die Deutsche Mark als Stabilitätsanker sein. Mit dieser Auffassung befinde ich mich offenbar in guter Gesellschaft, denn der frühere Vorsitzende des Federal Reserve Board, *Paul Volcker,* hat sich kürzlich in Frankfurt in gleicher Weise geäußert.

Die Zusammenarbeit im Rahmen der Siebenergruppe und die Bereitschaft der Vereinigten Staaten, daran mitzuwirken, hat eine gute Ausgangsbasis dafür geschaffen, daß zu gegebener Zeit die Überlegungen zur künftigen Ausgestaltung des internationalen Währungssystems intensiver vorangetrieben werden können.

Zunächst einmal werden wir freilich abwarten müssen, welche Haltung der amerikanische Präsident zu den ernsten Problemen einnimmt, mit denen die Vereinigten Staaten konfrontiert sind, und welchen Stellenwert er dabei der Dollarstabilisierung und dem Zusammenwirken mit seinen wichtigsten Partnern geben wird.

Das EWS als stabilitätsfördernder Ordnungsrahmen

Heinrich Matthes

Die Rolle der Deutschen Mark im Europäischen Währungssystem
Aussichten für eine Europäisierung der deutschen Geldpolitik
Veränderte währungspolitische Interessenlage in Europa
Weiterentwicklung zur Einheitswährung
Fortbestehende regionale Anpassungsprobleme
Die bevorstehenden Integrationsschritte

Gern komme ich der Einladung der Ludwig-Erhard-Stiftung nach, über das Europäische Währungssystem als stabilitätsfördernden Ordnungsrahmen zu sprechen: Welche Institution könnte mehr zur Klärung der ordnungspolitischen Debatte beitragen, die den großen Binnenmarkt 1992 durch eine effiziente Währungsordnung krönen will? Was ich zu diesem Thema zu sagen habe, mag auch unterstreichen, wie weit sich der europäische Konsens seit einigen Jahren in Richtung auf die Internalisierung wesentlicher deutscher Grundsatzpositionen entwickelt hat. Das ist für die Bundesrepublik erfreulich. Freilich trage ich im folgenden – und das möchte ich ausdrücklich unterstreichen – primär meine persönliche Meinung vor und verpflichte mit keiner meiner Aussagen die Kommission.

Die Rolle der Deutschen Mark im Europäischen Währungssystem

Das Europäische Währungssystem ist die europäische Antwort auf den Zerfall der Dollarordnung. Dies gilt prinzipiell: Hier kam es darauf an, dem regionalen Wirtschaftsblock Europa und damit auch seinem bedeutendsten Mitglied, der Bundesrepublik, die optimale Währungsordnung mit möglichst binnenmarktähnlichen Verhältnissen zu schaffen und damit gleichzeitig zur notwendigen Weiterentwicklung der internationalen Währungsordnung beizutragen. Die Abhängigkeit von den wechselnden Einsichten der dominanten Ökonomie in der Welt, den USA, was jeweils für den „Rest der Welt" gut und heilsam ist, wurde zunehmend als intolerabel angesehen. Zugleich mußten die Fehler der Wirtschaftspolitik der siebziger Jahre aufgearbeitet werden. Das war nur auf dem Boden einer Stabilitätsordnung möglich, die die Voraussetzungen für eine umfassende Konsolidierung und Redynamisierung der europäischen Wirtschaft schuf.

Seit 1979 haben das hohe Maß an Preisstabilität in der Bundesrepublik Deutschland, der wachsende Konsens über die Bedeutung der Währungsstabilität sowie feste, aber anpassungsfähige Wechselkurse innerhalb des Europäischen Währungssystems die Gemeinschaft mit einer einfachen, aber höchst wirkungsvollen hierarchisch funktionierenden Geldordnung ausgestattet.

Die Bundesrepublik ist das größte unter einheitlicher Währung organisierte raumwirtschaftliche Potential im Herzen Europas. Hinter der Deutschen Mark steht jedoch nicht nur das relativ bedeutendste ökonomische Potential in Europa, sondern auch die Wirtschafts- und Währungsverfassung eines Landes, in der die Geldwertstabilität vor dem Hintergrund einer sehr leidvollen historischen Erfahrung quasi konstitutionellen Rang hat, wie der Sachverständigenrat zur Begutachtung der gesamtwirtschaftlichen Entwicklung festgestellt hat.

Beides, das relativ größte raumwirtschaftliche Potential und die spezifische Wirtschafts- und Währungsverfassung der Bundesrepublik mit dem hohen Rang der Geldwertstabilität, qualifizieren die Deutsche Mark zur Leitwährung in Europa. Ausdruck davon ist nicht zuletzt, daß ungefähr 14 Prozent der Weltwährungsreserven in der Deutschen Mark gehalten werden.

Vor diesem Hintergrund ist es zu verstehen, daß das Europäische Währungssystem in der Tat bisher hierarchisch geordnet ist. In einem Währungssystem mit verschiedenen nationalen Währungen, die durch feste Wechselkurse verbunden sind, kann nämlich nur eine Währung, und zwar im Prinzip diejenige, hinter der das größte raumwirtschaftliche Potential steht, eine unabhängige Geldpolitik führen. Soweit die anderen Nationen des Währungssystems auf Paritätskorrekturen verzichten, müssen sie sich anpassen. Diese Anpassungszwänge müssen bei gegebener Lage der Dinge asymmetrisch wirken.

Kern der Asymmetrievorwürfe an die deutsche Adresse ist, daß die Deutsche Mark im Europäischen Währungssystem vor dem Hintergrund ihrer chronischen Überschußposition in Europa einseitige Anpassungszwänge in Richtung auf Stabilisierung auslöst, ohne daß die Bundesrepublik selbst genug zum Abbau ihrer Überschüsse gezwungen werde. Dabei kritisiert man den zumindest in der Vergangenheit unzureichenden Wachstumsbeitrag der Bundesrepublik. Die unzureichende Wachstumsleistung der Deutschen sei in den EWS-Partnerländern mit zu schwacher deutscher Nachfrage einhergegangen. Daher seien diese Länder auch zunehmend in Zahlungsbilanzprobleme geraten.

In der Tat, solange sich das Europäische Währungssystem aus nationalen Währungen zusammensetzt, ist es im Prinzip mehr oder weniger hierarchisch geordnet. Dabei liefert die deutsche Wirtschafts- und Währungspolitik bisher den mittelfristigen Stabilitätsrahmen. Die europäische Fiskal- und Lohnpolitik muß sich letztlich in diesen Rahmen einfügen. Die Teilnahme am EWS als einem Stabilitätsblock bedeutet also neben der laufenden Stabilitätsübertragung auch noch einen effizienten Druck zur realwirtschaftlichen Anpassung. Das wird nicht immer ausreichend gewürdigt und gesehen.

Die deutsche Geldpolitik hat damit eine eminent europäische Dimension. Die Bundesbank liefert den europäischen Stabilitätsanker. Dieser Stabilitätsanker ist durch das seit 1983 erfolgte Zusammengehen von Deutschland und Frankreich im Herzen Europas noch wesentlich gestärkt worden, weil dieses Zusammengehen die Zentripetalwirkung des Systems gefördert hat, was man allerdings jetzt in Frankreich nicht ohne gewisse Irritation sieht. Denn eigentlich, so meinen die Franzosen, hätte damit doch ein erhöhtes Mitspracherecht in der europäischen Geldpolitik einhergehen müssen.

Der von der Bundesbank gelieferte Stabilitätsanker und der durch systemkonforme Wechselkursänderungen qualifizierte Zwang zum Ausgleich der nationalen Zahlungsbilanzen spielen im EWS gleichsam die Rolle der „unsichtbaren Hand", die die Mitgliedsländer ständig in „wohltuende" stabilitätskonforme Grenzen verweist. Hierfür gilt es, in Europa einen Ersatz zu finden.

Glaubwürdigkeit für die europäische Geldpolitik liefert die Bundesbank in der Tat so lange, wie die deutsche Wirtschaftspolitik vor dem Hintergrund ihres bereits charakterisierten relativ großen raumwirtschaftlichen Potentials auf eine stabilitätszentrierte und verstetigte Geldpolitik ausgerichtet ist, und so lange, wie die anderen Mitgliedsländer ihre Wechselkursparitäten verteidigen.

Das Drängen auf mehr Symmetrie im System könnte aber wesentliche Funktionsweisen des jetzigen Europäischen Währungssystems und das kaum erreichte Stabilitätsbewußtsein verändern. Es gilt daher prinzipiell, das Wesentliche der erreichten Geldordnung, das Ziel der Stabilität, dem „Rest der Gemeinschaft" voll zu übertragen und die von vielen Mitgliedsländern nur schwer zu akzeptierende Asymmetrie des Systems allmählich zu beseitigen. Das bedeutet vor allem mehr Mitwirkung der anderen bei der Formulierung der europäischen Dimension der deutschen Geldpolitik. Was steht hinter dieser Forderung?

Aussichten für eine Europäisierung der deutschen Geldpolitik

Die währungspolitische Vormacht der Bundesrepublik ist nicht eindeutig. Die Bundesrepublik spielt die Führungsrolle im Europäischen Währungssystem im wesentlichen so lange unangefochten, wie sie einen eindeutigen Stabilitätsvorsprung vor den anderen Mitgliedsstaaten behält. Die Leitwährungsfunktion der Deutschen Mark ist also nicht „geboren", sondern „gekoren", um diesen juristischen Ausdruck zu gebrauchen. Sie unterliegt der ständigen Akklamation der anderen.

Vom raumwirtschaftlichen Potential her gesehen gibt es nämlich durchaus Länder vergleichbarer Größenordnung wie Frankreich, England, Italien und in Zukunft wahrscheinlich auch Spanien, die der Bundesrepublik die Rolle des Zentrums in diesem System streitig machen könnten – allerdings nur, sofern sie dauerhaft den gleichen oder möglichst einen besseren Stabilitätsgrad aufweisen. Dann würde die derzeitige Preisführerschaft im Währungsoligopol zur Disposition stehen.

Auf längere Sicht müßte daher die gegenwärtige Ordnung des Europäischen Währungssystems durch einen institutionellen Ausbau ersetzt werden. Der Stabilitätsvorsprung der Bundesrepublik geht nämlich immer mehr zurück. Damit verschiebt sich die Interessenlage im Europäischen Währungssystem. Weil es in Europa keine natürliche Hegemonialmacht gibt, wird die Grundkonstellation labil.

Labil wird sie vor allem wegen der Aushöhlung des ursprünglichen „Grundinteressenpaktes". Während der frühen achtziger Jahre wurde das Zentrum, also die Bundesrepublik, und der „Rest Europas" – ich nenne ihn mit durchaus selbstironischem Bezug „Peripherie" – durch so etwas wie einen Grundinteressenpakt verbunden. In der sogenannten Peripherie erleichterte ein Prozeß der realen Aufwertung die Stabilisierung, während die reale Abwertung der Deutschen Mark deutsche Leistungsbilanzüberschüsse begünstigte, welche

☐ die Deutsche Mark gegenüber dem Dollar stärkten und damit den Zugriff des amerikanischen „benign neglect" in Grenzen hielten;

☐ die deutsche Fiskalkonsolidierung von der Nachfrage her flankierten und damit den unmittelbar nachfragedämpfenden Effekt dieses Unternehmens etwas verringerten

☐ und schließlich die Ansammlung deutscher Auslandsguthaben für kommende Dürrejahre erleichterten, die sich mit wachsender deutscher „Vergreisung" abzeichnen.

Mit der zunehmenden Stabilisierung des Rests Europas wird freilich die Basis für diesen Grundinteressenpakt immer fragiler, und es artikuliert sich ein wachsender Widerstand gegen die Leitwährungsrolle des angeblichen „deflationären Zentrums".

Trotzdem – und das ist charakteristisch – will jedoch eigentlich niemand gegen die Deutsche Mark abwerten, denn offenbar betrachtet man in der sogenannten Peripherie die Stabilisierung noch keinesfalls als abgeschlossen. Damit besteht auch weiterhin ein gewisses Interesse an einer realen Abwertungssituation.

Obwohl also der ursprüngliche Grundinteressenpakt – Stabilisierung der anderen gegen einen gewissen Exportstimulus im „Zentrum" – noch nicht gekündigt ist, kritisiert man zunehmend die zumindest in der Vergangenheit unzureichende Wachstumsleistung der Bundesrepublik. In ihr spiegelt sich allerdings der relative Reifestand der deutschen Wirtschaft sowie die wachsende „Vergreisung" ihrer Bevölkerung.

Das bedeutet tendenziell zunächst für die Zukunft der Bundesrepublik eher Leistungsbilanzüberschüsse. Insbesondere unter den für die Bundesrepublik absehbaren Bedingungen ist dies als volkswirtschaftliches Sparen für die Zukunft durchaus nicht sinnlos. Die wachsende „Vergreisung" bedeutet aber, sofern ihr nicht durch eine liberale Einwanderungspolitik begegnet wird, auch einen permanent niedrigeren Expansionspfad, der das gesamteuropäische Wachstum dämpft und insofern auch den Abbau der europäischen Arbeitslosigkeit hemmt.

Für die Kohäsion des Europäischen Währungssystems beinhalten diese neueren Entwicklungstendenzen im „Zentrum", daß sich das gemeinsame Interesse am Europäischen Währungssystem wieder verstärkt. Neben die Stabilitätseinfuhr tritt auch der Kapitalimport vom Zentrum, womit den anderen Ländern mittelfristig freie Ressourcen zugeführt werden. Unter Umständen könnte also an die Stelle des auslaufenden Stabilitätspakts gewissermaßen ein „Kapitalimportpakt" treten, der wahrscheinlich ebenfalls mit einem Interesse an einer gewissen Unterbewertung der Deutschen Mark einherginge. Jedenfalls würde das die Vermögensbildung des Zentrums in der Peripherie begünstigen.

Damit gehört es zum Kern des gegenwärtigen Dilemmas im Europäischen Währungssystem, daß das Leitwährungsland Bundesrepublik das gesamteuropäische Interesse, das aus Stabilität und Wachstum besteht, nicht voll auf nationaler Ebene empfinden und es sich damit auch nicht voll zu eigen machen kann. Im Bretton-Woods-System standen die USA als Leitwährungsland vor einem ähnlichen Dilemma. Dort allerdings versagten die USA nicht etwa in der Wachstumsrolle, sondern – viel schwerwiegender – in der Stabilitätsrolle.

Veränderte währungspolitische Interessenlage in Europa

Die Bundesrepublik wird damit in den Augen der anderen der von ihr geforderten Leitwährungsfunktion nicht vollständig gerecht. Als permanenter Ordnungsfaktor im Europäischen Währungssystem wäre damit die Deutsche Mark auf Dauer heillos überfordert. Raumwirtschaftlich gesehen gibt es nämlich in Europa kein prädominantes Zentrum; vielmehr besteht das Zentrum aus mehreren großen Nationen.

Auf die Dauer ist also die Leitwährungsrolle für die Bundesrepublik in Europa eine Nummer zu groß. Deutschland kann unmöglich mit seiner Wirtschaftspolitik alle Bedürfnisse Europas nach Stabilität und nach Wachstum abdecken. Eine Währungsordnung – und das gilt auch in europäischer Dimension – kann nur einen effizienten Rahmen für die Lösung der Stabilitätsfrage schaffen und damit eine notwendige, aber keine hinreichende Voraussetzung für eine europäische Wachstumsordnung sein.

Dieses Problem wurde von Präsident *Delors* gesehen und in einer im Februar 1988 gehaltenen Rede vor dem Europäischen Parlament klar zum Ausdruck gebracht. Nach ihm handelt es sich nun in der zweiten Stufe des Europäischen Währungssystems darum, die erreichte Leitwährungsordnung (erste Stufe) in eine europäische Ordnung umzuwandeln (zweite Stufe), bei der alle mitbestimmen und die gleichzeitig den Kern eines in bezug auf Wachstum, Wettbewerbsfähigkeit und Beschäftigung leistungsfähigen Wirtschaftssystems bildet.

Freilich – und das wird bei dieser kritischen Sicht der Dinge übersehen – verlöre die in Europa realisierte Leitwährungslösung viel von ihrem Zwangscharakter, wenn alle tatsächlich dauerhaft vom Primat der Stabilität überzeugt wären.

Mit dem Auslaufen des ersten Grundinteressenpaktes wird also die Leitwährungslösung der europäischen Geldpolitik für die europäischen Nachbarn der Bundesrepublik immer weniger attraktiv. Zu sehr wird dadurch der berechtigte nationale Stolz verletzt. Es gilt also, alle Charakteristika der erreichten Geldordnung auf ein europäisches Modell zu übertragen, ohne ihre wesentlichen Elemente zu beseitigen und sie damit unwirksam zu machen.

Mit der Vollendung der europäischen Stabilisierung, mit schrumpfendem Stabilitätsvorsprung, geht in den Augen der anderen allmählich die Möglichkeit, und mit der Internalisierung des Stabilitätsbewußtseins durch die anderen auch das Wünschenswerte der von der Bundesbank errichteten europäischen Währungsordnung zu Ende, ohne daß der sich abzeichnende neue Kapitalimportpakt einen genügenden Ausgleich schüfe. Stabilitätspolitik und Anpassungen der Paritäten müßten von nun an mehr und mehr kooperativ durchgeführt werden.

Dabei schaffe – so wird argumentiert – die sich immer mehr realisierende volle Liberalisierung der europäischen Kapitalmärkte eine neue Interessenlage: Da nämlich in Zukunft die europäischen Nachbarn noch stärker am deutschen Realzinsniveau hingen – niemand kann sich dauerhaft unter dem deutschen Realzinsniveau aufhalten, das geht aus den Daten hervor –, kann bei dieser Lage niemand in Europa noch etwas durch Beschränkung von Kapitalbewegungen und damit durch eine isoliert-autonome Geldpolitik gewinnen.

Die sich immer mehr einstellende faktische Realzinsarbitrage mache nationale Geldpolitiken mehr und mehr uninteressant. Jeder bezahle den Grad seiner währungspolitischen „Insolidität" durch ein entsprechendes Zinsagio. Unter solchen Verhältnissen könne man dann gleich zur Einheitswährung übergehen, anstatt weiter die deutsche Dominanz zu „erleiden". So das Argument.

Weiterentwicklung zur Einheitswährung

Mit zunehmender Stabilisierung verlieren die anderen Länder im Europäischen Währungssystem immer mehr ihr Interesse am alten Grundinteressenpakt. Da der Rest Europas die ordnungspolitisch positive Dimension des hierarchisch geordneten Leitwährungsstandards der Deutschen Mark natürlich nicht in gleicher Weise werten kann, wie dies vom deutschen Standpunkt her der Fall ist, und da man jetzt, im Zeichen der Liberalisierung der Kapitalmärkte, sowieso keinen Manövrierspielraum für eine autonome Geldpolitik mehr habe, könne man – so meinen viele – die Wechselkurse nunmehr endgültig festschreiben. Nach dieser These seien also in Europa bereits heute dauerhafte Voraussetzungen für eine gleichgewichtige Wechselkursstruktur verwirklicht. Dabei sei zu beachten, daß der Wechselkurs die Leistungs- und die Kapitalbilanz zum Ausgleich bringe. Tragbare Wechselkursstrukturen ergäben sich also aus dauerhaft tragbaren Grundbilanzkonstellationen (laufende Rechnung und langfristiger Kapitalverkehr).

Wäre es nun vor diesem Hintergrund wirklich denkbar, bereits in absehbarer Zukunft in Europa zur Einheitswährung überzugehen und den gemeinsamen Währungsraum gleichzeitig durch erhöhte Transferzahlungen abzusichern, wie sie mit der erneuten Aufstockung der Strukturfonds beschlossen wurden? Löst etwa, wie offenbar vielfach geglaubt wird, die Einheitswährung bei schwach wachsendem, wettbewerbsfähigem, aber zunehmend vergreisendem Zentrum das sonst entstehende Wachstumsproblem im Zentrum und das Verschuldungsproblem der Peripherie, zumal die Aufstockung der EG-Strukturfonds in den Empfangsregionen noch einen zusätzlichen Raum von drei bis sechs Prozent des dortigen Bruttosozialprodukts für die Aufstockung der Investitionen durch Transfers schaffe?

Kann es etwa bei einer Einheitswährung nicht zu einer untragbaren Verschärfung des Regionalproblems kommen? Wäre nicht zudem auch der Bundesrepublik damit gedient, vergreisungsbedingte Ersparnisstrukturen ohne ärgerliche Ausverkaufsaspekte in der Peripherie aufzubauen und ihren Kapitalexport damit dauerhaft zu konsolidieren?

Vor dem Hintergrund dieser Fragen wird zumindest eines deutlich: Aus den unterschiedlichsten Interessenlagen ist in Europa der Übergang zur Einheitswährung möglicherweise gar nicht so weit entfernt. In der Tat darf nicht übersehen werden: Es gibt gegenwärtig eine wirksame und wohl auch durchaus nützliche Allianz zwischen den Interessenten für mehr Regionaltransfers in der Peripherie und den „Einheitseuropäern" verschiedener Deszendenz.

Den dialektisch Denkenden mag dabei faszinieren, daß eine solche explosive Gemengelage unabweisbar einen Fortschritt in der Sache erzwingt. Es wird jedoch darauf ankommen, die *Hegel*sche Antithese zum europäischen Leitwährungsstandard, die notwendigerweise mit mehr Instabilität verbunden wäre, gleich zu überspringen, um sofort in eine befriedigende Synthese einzumünden.

Fortbestehende regionale Anpassungsprobleme

Selbst wenn man die nominalen Wechselkurse in Europa konstant halten könnte und von daher gesehen die Voraussetzungen für die Einheitswährung erfüllt wären, wirkt der Wechselkurs – und der damit verbundene Zwang zum Ausgleich der Zahlungsbilanz in nicht beliebig vermehrbarer Fremdwährung – auch noch als ein wichtiges ordnungspolitisches Regulativ. Es zwingt die Region gleichsam antizipativ ständig in ihre Verhältnisse, indem es die Gewerkschaften zu mehr Lohndisziplin und die Finanzpolitiker zu mehr Ausgabendisziplin veranlaßt.

Verzichtet man nun auf diese ordnungspolitischen Disziplinierungswirkungen des Zahlungsbilanzmechanismus, so belastet man die europäische Regionalpolitik mit einer weiteren Bürde.

In der Tat würde die ökonomische Einsicht der europäischen Politiker – nach einem Wort von *Karl Schiller:* der „Tellerrand-Horizont" – unter den Bedingungen der Einheitswährung stark überfordert.

Zu denken gibt insbesondere, daß nicht einmal bei bestehenden nationalen Währungen Schuldenstände von weit über hundert Prozent des jeweiligen nationalen Bruttosozialproduktes verhindert werden konnten, nämlich in Belgien, Irland und Italien. Dieser völlig überschuldeten Ländergruppe nähert sich eine weitere Gruppe mit auch viel zu hoher und stark wachsender Schuldenquote; das sind Portugal, Griechenland und die Niederlande.

Damit die regionalen Anpassungsprobleme einer überhöhten Verschuldung in Zukunft nicht gleichsam auf eine anonyme europäische Ebene transponiert werden, gilt es, entsprechende Vorkehrungen zu treffen. Die hoch verschuldeten Regionen müssen auch weiterhin die notwendige Anpassung ihrer relativen Faktorpreise, also ihrer Löhne und Gewinne, erbringen, um ihre Wettbewerbsfähigkeit auf einem Stand zu halten, der mit einem dauerhaften Ausgleich ihrer regionalen Zahlungsbilanzen vereinbar ist. Denn den ökonomischen Zwang zum Ausgleich der regionalen Zahlungsbilanz gibt es auch beim Übergang zur Einheitswährung; er waltet weiter im Geschehen.

In diesem Zusammenhang fordert denn auch der *Padoa-Schioppa*-Bericht konsequenterweise für den Übergang zur Währungsunion eine allgemeine Schuldenreform. In der Tat wäre beispielsweise die Kappung der sehr unterschiedlichen nationalen Schuldenquoten etwa über einem europäischen Durchschnitt und die Einbringung, Tilgung und Bedienung dieser Schuld (etwa durch einen Europäischen Ausgleichsfonds) ein vorstellbarer Weg, um zumindest das Bestandsproblem der nationalen Schuld zu entschärfen.

Die bevorstehenden Integrationsschritte

Aus diesen Betrachtungen, welche die Notwendigkeit belegt haben, daß in der europäischen Währungspolitik etwas geändert werden muß, ergibt sich, daß im jetzigen internationalen System die europäischen Interessengegensätze noch weitgehend ungeordnet aufeinanderprallen. Sie gilt es, in einer zweiten Phase des monetären Integrationsprozesses in einen kohärenten Rahmen einzufügen. Soll in Europa der entscheidende institutionelle Sprung gelingen, so gilt es, den ordnungspolitischen Rahmen zu schaffen, der ein möglichst effizientes Zusammenwirken der gegenseitigen Interessen gewährleistet.

Die notwendigen Fortschritte in der europäischen Währungsintegration könnten nach den dargelegten Überlegungen in der von Präsident *Delors* charakterisierten „zweiten Stufe" beispielsweise in der Weise erzielt werden, daß ein weiterer Ausbau des Europäischen Währungssystems die Richtung eines konsequent föderalen Ansatzes nähme, der die bisher im System wirksame „unsichtbaren Hand" – also den Stabilitätsanker und den durch systemkonforme Wechselkursänderungen qualifizierten Zwang zum Ausgleich der Zahlungsbilanz in nationaler Währung – intakt ließe und damit Ordnungsstrukturen am Leben erhielte, die ständig auf ein besseres „regionales Gleichgewicht" hinwirkten. Die politischen Gestaltungsmöglichkeiten einer sich abzeichnenden europäischen „Spitze" wären jedenfalls mit einer solchen Lösung nicht so stark gefordert.

Dies bedeutet zunächst: Fortbestehen aller nationalen Strukturen – also der nationalen Währungen, der nationalen Zentralbanken, die man unabhängig machen müßte – sowie die baldige Entwicklung eines koordinierenden europäischen Überbaus. Gegenüber dem bestehenden

Kooperationsrahmen, der insbesondere durch den Basler Gouverneursrat gegeben ist, sollte dieser Überbau einen institutionellen Fortschritt bedeuten. Die damit geschaffene europäische Institution hätte die gemeinsame europäische Währungspolitik zu formulieren, und zwar einschließlich der Paritätsveränderungen, womit das System symmetrischer würde.

Innerhalb dieses Ansatzes könnte und sollte die ECU evolutorisch weiter an Gewicht gewinnen und den Europäern eine wachsende Währungsidentität geben. Dies bedingt freilich eine Fortsetzung der Stabilitätskonvergenz; nur dann nähert sich der Inflationsdurchschnitt des Währungskorbes ECU der besten Währung, also zur Zeit der Deutschen Mark. Die ECU sollte also jede mögliche Förderung erfahren, welche die bestehende Währungsordnung europäisiert und gleichzeitig ihre wesentlichen Stabilitätselemente erhält. Besonders erfolgversprechend erscheint mir ein Integrationsansatz, der die europäische Vielfalt dadurch sichert, daß er unterschiedliche Strukturen in ihrer Mannigfaltigkeit durch einen übergeordneten institutionellen Ordnungsrahmen abgrenzt und zunächst weiter bestehen läßt.

Die volle europäische Währungseinheit bleibt freilich ein schwieriger Weg. Aber auch wenn die Stunde für einen „krönenden" Abschluß des Übergangs zur Einheitswährung noch nicht reif sein sollte, gilt es, weitere Fortschritte anzustreben. *Wilfried Guth* hat dies wie folgt ausgedrückt: „Bei doktrinärem Festhalten an der These: Erst volle Konvergenz, dann weiter... läuft die Gemeinschaft Gefahr, alle Chancen auf greifbare europäische Fortschritte im monetären Bereich für unabsehbare Zeit zu verspielen."

Aktuelle Probleme der europäischen Währungspolitik

Diskussion

Die gegenwärtige Labilität der Weltfinanzmärkte
Ein neues Währungsmanagement durch koordinierte Interventionen?
Das geschwundene Vertrauen in Marktautomatik und freie Wechselkurse
Über Notwendigkeit und Vergeblichkeit, Kapitalströme zu lenken
Europäische Währungsintegration: Das Ende der Stabilität?
Zusammenfassung

Leitung:	Helmut Geiger
Teilnehmer:	Waldemar B. Hasselblatt
	Ernst Helmstädter
	Hartmut Kohlhoff
	Frank Marheinecke
	Heinrich Matthes
	Ulrich Meyer-Cording
	Friedhelm Rentrop
	Peter-W. Schlüter
	Matthias Schmitt
	Ernst Schröder
	Werner Steuer
	Hans Tietmeyer

Die gegenwärtige Labilität der Weltfinanzmärkte

(Helmut Geiger) Professor *Helmstädter* hat darauf hingewiesen, daß sich der finanzielle Sektor vom realen Sektor weltweit gelöst habe, daß im finanziellen Sektor ein Nullsummenspiel stattfinde, und er hat das mit realen Entwicklungen nach dem Börsen-Crash belegt. Ich bin der gleichen Meinung und habe das in verschiedenen Diskussionsbeiträgen im letzten Jahr dargelegt. Die Auswirkungen des Börsen-Crash auf die reale Wirtschaft sind mit Sicherheit überschätzt worden. Ich muß jedoch darauf hinweisen: Auch Sie, Herr *Helmstädter,* haben im letzten Gutachten des Sachverständigenrates von relativ starken Auswirkungen auf die reale Wirtschaft gesprochen. Worauf stützten sich Ihre damaligen Befürchtungen, und was hat Sie zur Revision Ihrer Beurteilung veranlaßt?

(Ernst Helmstädter) Ich bedaure, daß der Sachverständigenrat im letzten Gutachten unsicher gewirkt hat. Der Grad dieser Unsicherheit war personenweise unterschiedlich; ich war nicht bei den Allerunsichersten.

(Helmut Geiger) Gut. Mir scheinen aber sehr wichtige Fragen noch offen: Warum hat sich denn der finanzielle Sektor vom realen Sektor gelöst? Besteht eine Möglichkeit, die beiden Sektoren wieder näher zueinander zu führen? Was müßte hierzu geschehen? Oder ist es ein unabwendbares Schicksal, wenn der finanzielle und der reale Sektor zunehmend auseinanderdriften?

Ich meine: Es hat zunächst einen technischen Grund, daß sich der finanzielle vom realen Sektor löst, weil nicht nur die großen Banken, sondern zunehmend auch kleine und mittlere Institute die internationalen Märkte entdeckt haben und ihre Liquiditätsreserven nicht mehr allein im nationalen Markt einsetzen. Begünstigt durch moderne Nachrichtentechniken sind die Weltfinanzmärkte zusammengewachsen. Es gibt mehr Marktteilnehmer. Liquidität wird weltweit gehandelt; die Liquiditätsströme bewegen sich weltweit. Durch den Wertschöpfungsmechanismus vergrößert sich diese Liquidität fortlaufend. Dieser technische Aspekt wird durch die zunehmende Liberalisierung der Finanzmärkte und durch das zunehmende Zusammenwachsen der Weltwirtschaft und der Weltfinanzmärkte begünstigt.

(Ernst Helmstädter) In der Grundaussage stimmen wir überein. Sie sagen wie ich, daß ein Abheben im Sinne der In-sich-Zirkulation stattfin-

det, und daß dabei im finanziellen Sektor der eine gewinnt, was der andere verliert.

Ich meine jedoch, daß der Prozeß vertiefter Risikoteilung ein einmaliger Übergangsprozeß ist, dessen Ende wir jetzt allerdings noch nicht absehen können und dessen Verlauf wir nicht so recht überblicken. Wenn dafür zuviel Liquidität von den Notenbanken zur Verfügung gestellt wird, dann schlägt sich das in den Preisen nieder, ohne daß die realen Austauschverhältnisse berührt werden.

(Helmut Geiger) Aber dieser Prozeß wird dadurch beschleunigt, daß die großen Notenbanken der Welt die Liquidität tendenziell locker halten. Aus unterschiedlichen politischen Gründen und Absichten wird immer etwas mehr Liquidität in die Märkte gegeben, als benötigt wird. Das führt zu einem Liquiditätsüberhang, der von der realen Wirtschaft, vom Welthandel, vom Austausch des realen Kapitals, nicht absorbiert wird. So verstärkt sich dieses Nullsummenspiel immer mehr.

Wenn man diese Entwicklung beklagt, müßte man die Notenbanken, insbesondere die größte, nämlich die der Vereinigten Staaten, mahnen, die Zügel straffer zu halten. Wenn weniger Liquidität zur Verfügung steht, kann sich diese nicht von der Finanzierung des Warenaustauschs und der Investitionen lösen.

(Peter-W. Schlüter) Man sollte sich dabei nicht auf Stabilitätsappelle an die Notenbanken beschränken, sondern auch die Haushaltsdisziplin in die Verantwortung einbeziehen. Beides spielt eine große Rolle, wobei man nicht sagen kann, wer die Hauptverantwortung trägt.

Es wäre denkbar und durchaus zu wünschen, daß es den USA unter dem neuen Präsidenten gelänge, das Haushaltsdefizit in den Griff zu bekommen. Das würde dem Federal Reserve System dann größeren geldpolitischen Spielraum geben und zu einem niedrigeren Zinsniveau führen. Wegen des weltweiten Zinszusammenhangs bliebe das auch nicht ohne Auswirkungen auf das deutsche Zinsniveau. Möglicherweise würde diese Entwicklung beitragen, den finanziellen Überbau abzubauen und die internationalen Finanzmärkte zu entspannen.

(Ernst Helmstädter) Daß die Notenbanken erhöhte Liquidität für In-sich-Transaktionen des finanziellen Sektors zur Verfügung stellen, glaube ich nicht. Zuviel Liquidität würde immer bedeuten, daß die Preise entsprechend steigen. Mir scheint auch zweifelhaft, ob die Notenbanken für die Nullsummenspiele des finanziellen Sektors mehr Liquidität zur Verfü-

gung stellen als ohne sie. Teilweise mag das zutreffen. Aber die Transaktionen innerhalb des finanziellen Sektors sind kaum durch die Verfügbarkeit von Notenbankgeld bedingt. Wenn In-sich-Finanztransaktionen stattfinden, ist keine größere Liquidität von seiten der Notenbank erforderlich. Wenn im Gleichschritt an- und verkauft wird, kann das System aus sich selbst heraus die erforderlichen Mittel hervorbringen.

Im ganzen ist die These vom Abheben des finanziellen Sektors natürlich nicht eindeutig abzusichern. Es ist mein Eindruck, meine Arbeitshypothese. Ich vertrete diese Position, ohne hinreichende Beweise dafür zu haben. Ein Beweis ist jedoch, daß sich der Börsenkrach auf das reale Wirtschaften, wie es scheint, nicht weiter ausgewirkt hat.

(Hartmut Kohlhoff) Ich nehme es als frohe Kunde, daß der weltweit inflationär wirkende finanzielle Überbau nur eine Übergangserscheinung sei. Allein mir fehlt der Glaube, denn tendenziell nehmen die Staatsdefizite doch seit Jahren weltweit zu – seit Ende des Krieges. Früher hieß es, das Ende des Bretton-Woods-Abkommens habe einen Einschnitt gebracht. Man sehe aber, was für einen! Seitdem verstärken sich auch noch die Ungleichgewichte bei den Wechselkursen.

Ich fürchte, daß diese ganze Entwicklung zu einer Weltwährungsreform hintreibt, ganz gleich, was man darunter versteht und wie das im einzelnen aussehen mag. Es geht um eine Lösung von all den Schulden, die sich aufgestaut haben.

(Hans Tietmeyer) Ob man wirklich von einem Übergangsprozeß sprechen kann, der schon bald ausläuft? – In diesem Punkte neige ich eher den Zweiflern zu als der These von Herrn *Helmstädter*. Ich bestreite nicht, daß es wahrscheinlich Lerneffekte gibt. Insofern mögen die Vorgänge im Oktober 1987 einen nützlichen Lern- und vielleicht auch Bremsprozeß ausgelöst haben. Aber ob das schon ausreicht, daß der Prozeß jetzt zu Ende geht? Ich habe erhebliche Zweifel.

(Helmut Geiger) Auch ich kann das Ende nicht sehen. Warum haben sich denn die Finanzmärkte von den Realmärkten gelöst?

Wir in der Bundesrepublik Deutschland haben eine relativ lockere Liquiditätsverfassung des Bankenapparates. In anderen Ländern mag das ähnlich sein, aber bei uns ist es besonders ausgeprägt. Wenn diese Liquidität von der realen Wirtschaft nicht aufgenommen wird, bleibt ja gar nichts anderes übrig, als daß der finanzielle Sektor versucht, das Geld in sich zu verteilen. Dadurch kommt mehr Labilität und Volatilität in das Finanzsystem hinein.

Wenn man die Entwicklung in Amerika sieht, was sich dort an den Börsen abspielt – Übernahmekämpfe und sehr wacklige Finanzierungen –, wenn man sieht, wie die japanische Börse sich von Tag zu Tag von der realen wirtschaftlichen Lage immer mehr entfernt und Rentabilitäten in Kauf genommen werden, die unter einem Prozent der Verzinsung liegen, dann muß man sich fragen: Ist das nicht ein Prozeß, der irgendwann wieder zu internationalen Störungen führen muß?

Meine Folgerung ist, daß die Notenbanken aufgerufen sind, die Weltliquidität knapper zu fassen, um den finanziellen Sektor stärker unter Kontrolle zu halten und Exzesse, wie wir sie in der Eruption im Oktober 1987 erlebt haben, zu vermeiden.

(Hans Tietmeyer) Ich fürchte, wenn wir uns an der Frage nach den Gründen für die Loslösung der Finanzmärkte von den ökonomischen Fundamentaldaten festhaken, werden wir eine lange Diskussion führen müssen. Sicherlich sind die genannten beiden Punkte gewichtige Faktoren, doch meine ich, daß es noch weitere gibt. Hierzu gehören beispielsweise die wachsende Arbeitsteilung im finanziellen Sektor – Herr *Helmstädter* nannte es Risikoteilung – und die multiplikativen Prozesse, die sich daraus ergeben. Diese haben ihrerseits dann wieder mit der fortschreitenden Liberalisierung zu tun, aber auch mit veränderten Verhaltensweisen und neuen Techniken – nicht nur neuen Finanz-, sondern vor allem auch neuen Informationstechniken. Es gibt somit viele Ursachen. Im Hinblick auf die Analyse mag es interessant sein, diese Aspekte zu erörtern, aber im Grunde geht es dabei nicht um politische Fragestellungen.

(Ernst Helmstädter) Ich kann das alles nur unterstreichen. Das Thema „Verhältnis des finanziellen zum realen Sektor" ist sehr komplex. Dennoch muß man es betrachten. Ich habe vor allem gefragt: Wozu Finanzinnovationen? Wozu Liberalisierung des internationalen Kapitalverkehrs? Meine Antwort lautet: Soweit eine Risikoteilung eintritt, partizipiert der finanzielle Sektor zu Recht am Ergebnis.

Ein neues Währungsmanagement durch koordinierte Interventionen?

(Helmut Geiger) Internationales Währungssystem, Reformnotwendigkeit, Reformfähigkeit: In der Einladung der Ludwig-Erhard-Stiftung steht: „Die Ausweitung des grenzüberschreitenden Kapitalverkehrs, neue Finanzierungstechniken und die weltweite Expansion stellen neue und grundsätzliche Herausforderungen für die Geld- und Währungspolitik dar. Das bislang geübte nur kurzfristige Krisenmanagement kann nicht endlos fortgeführt werden. Strukturreformen sind nötig."
Wie steht es mit dieser Reformnotwendigkeit des internationalen Währungssystems und wie mit den Reformmöglichkeiten? Oder gibt es vielleicht gar keine Alternative zum gegenwärtigen Management des Währungssystems?

(Hans Tietmeyer) Ein neues Währungssystem kann ich auf absehbare Zeit nicht sehen. Ich sehe aber Möglichkeiten für mehr wirtschaftspolitische Kooperation im internationalen Bereich.

Wenn wir darüber nachdenken, was in Zukunft zu tun ist, dann müssen wir zunächst von den Erfahrungen ausgehen, die wir in den siebziger und achtziger Jahren gewonnen haben. Wir haben im Jahre 1973 den großen Schritt zu flexiblen Wechselkursen zwischen den großen Industrieländern getan. Ich meine auch heute noch, das war notwendig und unausweichlich. Ich kann mich der Bewertung durch *Helmut Schmidt* nicht anschließen, der das Ergebnis der damaligen Entscheidung als ein Non-System, als ein Chaos bezeichnet hat.

Ich glaube, es war damals die einzige Möglichkeit, weil die meisten Länder nicht mehr bereit und wahrscheinlich auch gar nicht mehr in der Lage waren, sich der Disziplin fester Wechselkurse zu unterwerfen. Wahrscheinlich hätten wir die siebziger Jahre mit ihren Schocks von draußen in einem anderen System nicht durchgestanden. Aber wir müssen auch festhalten, daß es vor allem in den achtziger Jahren zu Wechselkursverzerrungen oder „misalignments" gekommen ist: zu Wechselkursentwicklungen, die sich so weit von den ökonomischen Fundamentaldaten – Kosten- und Preisentwicklung, aber auch Außenbilanzsalden – entfernt haben, daß sie teilweise geradezu perverse Wirkungen auslösten. Ein großer Teil unserer heutigen Leistungsbilanzstrukturen ist das Ergebnis dieser verzerrten Wechselkursentwicklung.

Die Frage ist nun: Liegt das an der Flexibilität der Wechselkurse? Oder liegt es nicht doch an dem Mißverständnis, daß man bei flexiblen Wechselkursen eine interne Politik ganz nach eigenem Belieben und ohne Rücksicht auf die internationalen Rückwirkungen treiben könne und dürfe? Das war und ist die Philosophie von *Beryl Sprinkel,* eine Auffassung, die letztlich zur Politik des „benign neglect" führt. Nach dieser Philosophie kann jeder seine Politik treiben, wie er es für richtig hält. Die Wechselkurse werden alles ausbalancieren.

Hier beginnt meine abweichende Position. Es hat sich gezeigt, daß es zu schwerwiegenden Problemen für die Außenbilanzen mit entsprechenden negativen Rückwirkungen für die realwirtschaftliche Entwicklung kommen kann, wenn die nationale Wirtschaftspolitik nicht auch die internationalen Rückwirkungen in ihre Überlegungen einbezieht. Ich kann die Kausalzusammenhänge nicht im einzelnen darlegen. Doch müssen bei dieser Diagnose auch noch andere Entwicklungen beachtet werden, beispielsweise das ständige Anwachsen der Außenhandelsanteile in allen Industrieländern oder die Internationalisierung und Separierung der Finanzmärkte. Diese strukturellen Entwicklungen haben ganz zweifellos einerseits die Möglichkeiten für eine von der Realwirtschaft unabhängigere Wechselkursentwicklung vergrößert, andererseits sind dadurch die nationalen Volkswirtschaften wechselkursempfindlicher geworden.

So stellt sich die Frage: Können wir einfach zuschauen und die weitere Entwicklung der Zukunft überlassen in der Hoffnung, die Wechselkursentwicklung werde schon die notwendigen Korrekturen bewirken? Wenn die extremen Bewegungen der Wechselkurse – entsprechend der These von Herrn *Helmstädter* – wirklich nur Übergangserscheinungen wären und alles bald zu Ende ist – weil der Prozeß der Separierung der Finanzmärkte ausläuft oder die Lerneffekte positiv genug sind –, dann könnten wir vielleicht beruhigt sein. Ich habe an einer solchen Prognose jedoch Zweifel.

Das Grundproblem ist meines Erachtens: Wenn die großen Volkswirtschaften eine Politik des „benign-" oder „malign neglect" betreiben, nämlich eine Politik, die sich ausschließlich an kurzfristigen nationalen Interessen orientiert, dann kann das – wie die Erfahrungen mit der amerikanischen Budgetpolitik gezeigt haben – zu Wechselkursverzerrungen führen, die das ganze weltwirtschaftliche Ordnungssystem in Gefahr bringen. Die so entstehenden Ungleichgewichte der Außenbilanz können nicht nur zu falschen Politikreaktionen, sondern vor allem auch zu außenwirtschaftlichem Protektionismus führen. Und wie sich eine isolationistische und protektionistische Politik letztlich auswirkt, das hat uns die Weltwirtschaftskrise bewiesen.

Genau diese Erkenntnis ist der Ansatz für die neue wirtschaftspolitische Kooperation seit dem Plaza-Treffen 1985. Ich lege Wert darauf, daß diese Kooperation nicht mißverstanden wird im Sinne der Koordinierung à la Bonn-Gipfel 1978. Die damaligen Bemühungen, die in der internationalen Diskussion bisweilen als ein positives Beispiel zitiert werden, waren meines Erachtens einseitig an einem internationalen „demand management"-Konzept orientiert, das ich wirtschaftspolitisch für falsch halte. Ein solches, dem keynesianischen Gedankengut entstammendes Konzept verführt nicht nur zu einem problematischen „fine-tuning", es wirkt auch – wie die Ergebnisse des Bonn-Gipfels gezeigt haben – nicht selten inflationär und löst dann später Stabilisierungskrisen aus.

Die Absprachen und Koordinierungen des Bonner Gipfels von 1978 stellen für mich nicht jene Kooperationen dar, die ich für erforderlich halte. Deswegen benutze ich auch den Begriff „Koordinierung" nicht gern. Ich spreche lieber von Kooperation. Bei dieser Kooperation geht es keineswegs nur um Fragen des fiskalischen Defizits oder der Expansionsrate der Finanzpolitik, sondern es geht immer auch um die Grundlinien der Ordnungs-, der Struktur-, der Handelspolitik etc.

Ein Grundproblem für die internationale Kooperation ist: Wie können souveräne Staaten mit divergierenden Politik-Präferenzen und unterschiedlichen Entscheidungsstrukturen ihre Politik kooperativer gestalten in dem Sinne, daß sie mehr Rücksicht nehmen auf die internationalen Rückwirkungen?

Ich spreche dabei bewußt von mehr Rücksichtnahme auf die internationalen Rückwirkungen und nicht von einer Rücksichtnahme auf das Interesse der anderen. Ich glaube nicht, daß eine Politik dauerhaft realisierbar ist, die sich vorrangig an den Interessen der anderen orientiert. Maßstab für Kooperationsbemühungen muß das sogenannte „aufgeklärte Selbstinteresse" sein, denn es geht letztlich darum, bei der Formulierung der Politik die Rückwirkungen zu beachten, die eines Tages auf das eigene Land und die eigene Wirtschaft zukommen können.

Das ist für mich der Ansatzpunkt für eine realistische internationale Kooperation. Eine solche Kooperation muß bei der Erkenntnis ansetzen, daß die eigenen Interessen auf Dauer nicht gut erfüllt werden, wenn Politik betrieben wird, als befände man sich auf einer isolierten Insel. Die heutigen Volkswirtschaften sind intensiv in der Weltwirtschaft verflochten und damit auch vom weltwirtschaftlichen Umfeld und seiner Entwicklung abhängig.

(Helmut Geiger) Bei dem starken Gewicht, den der Dollar im Weltwährungssystem immer noch hat, wird es aber dennoch im wesentlichen darauf ankommen, daß die USA eine Geld- und Währungspolitik betreiben, die mit dem kompatibel ist, was die anderen wollen. Wenn die USA, wie in den letzten Jahren, permanent von der Gemeinsamkeit der übrigen abweichen, dann kommen unweigerlich Spannungen in das Weltwährungssystem hinein. Die Nervosität, die in den letzten Wochen ausgebrochen ist, die durch die Interventionen gedämpft worden ist, zeigt aber, daß die Märkte noch nicht überzeugt sind, daß diese Gemeinsamkeit in der Politik wirklich vorhanden ist. An den Märkten sieht man beispielsweise, daß der neue amerikanische Präsident einige Positionen festgeschrieben hat, die nicht zusammenpassen. Man bezweifelt deshalb, ob auf Seiten der stärksten Währung im System Kooperationswille überhaupt vorhanden ist oder ob nicht gewisse nationale Prioritäten – keine Steuererhöhungen und nur langsamer Abbau der öffentlichen Defizite – weiterhin Unsicherheit in das Weltwährungssystem bringen werden.

(Heinrich Matthes) Auf die Frage, was mit der Weltwährungsordnung nicht stimmt, heißt die Antwort: Da ist sehr viel nicht in Ordnung. Wir haben eine Weltwährungsordnung, die letztlich einen duopolen Charakter hat; oder genauer, mit *Stackelbergs* Begriffen: es handelt sich um ein Oligopol mit Preisführerschaft. Der starke Oligopolist jagt die schwachen Oligopolisten (Europa, Japan) ständig nach seinem Belieben auf der Transaktionskurve hin und her, und zwar vom unteren Ausbeutungspunkt – DM 1,72 pro Dollar – zum oberen Ausbeutungspunkt – DM 3,47 pro Dollar –, dann wieder zum unteren Punkt – DM 1,58 pro Dollar. Dazwischen koordinieren wir eifrig bei den Weltwirtschaftsgipfeln.

Wenn wir das ändern wollen, müssen wir ordnungspolitisch agieren: Wir müssen Europa hinsichtlich des Außenkurses der ECU in die Lage versetzen, denselben „benign neglect"-Maßstab anzuwenden, wie ihn die Amerikaner haben. Nur dann sind wir ein gleichwertiger Partner. Um die Amerikaner überhaupt von ihrer „benign neglect"-Attitüde abzubringen, müssen wir über dieselbe Verhandlungsmacht verfügen. Hierzu genügen keine moralischen Appelle und keine Beschwörungen, sondern hier geht es um die Gestaltung einer Währungsordnung, die darauf abgestellt ist, daß die „dominante Ökonomie" nicht immer nur ihr kurzfristiges Tellerrand-Interesse internalisiert, das sich für sie politisch bei der nächsten Wahl auszahlt, sondern daß sie neben ihrem eigenen auch das längerfristige Weltinteresse berücksichtigt.

Damit sich die Orientierung der Wechselkurse besser an den Kaufkraftparitäten kristallisiert, muß Europa in der Währungspolitik seinen Part besser und glaubwürdiger spielen. Es muß also Abstand nehmen von den larmoyanten Ausbeutungsanklagen an die Adresse der Amerikaner. Europa muß seine Angelegenheiten selbst in die Hand nehmen; muß eine glaubwürdige Währungsordnung schaffen; muß den gemeinsamen Binnenmarkt verwirklichen und der ECU eine stärkere Reservedimension geben, in die sie im Zeichen der wachsenden Stabilitätskonvergenz hineinwachsen sollte. Selbst wenn dies nicht gelänge, würde – wie wir dies jetzt schon im Europäischen Währungssystem beobachten konnten – im Zuge dieser Stabilitätskonvergenz der Kaskadeneffekt eines Zuflusses in die Deutsche Mark das Europäische Währungssystem bei kurzfristigen Kapitalzuflüssen nicht sprengen. Kurz: Es gilt, im internationalen Währungskonzept die europäische Verhandlungsposition auch markttheoretisch in angemessener Weise zu stärken.

Hier sind wir bei einem Punkte, an dem eine wohlverstandene deutsche Stabilitätspolitik eine eminent europäische Dimension hat. Das haben *Giscard d'Estaing* und *Helmut Schmidt* bereits vor zehn Jahren erkannt. Heute sind die Voraussetzungen für einen Fortschritt in der europäischen Währungsintegration angesichts der erheblich günstigeren Konvergenzlage ungleich besser.

(Hans Tietmeyer) Lieber Herr *Matthes!* Zu Ihrem *Stackelberg*-Zitat aus der Oligopoltheorie – Europa sozusagen als Gegenmacht -: Hier möchte ich doch ein paar Fragezeichen setzen. Hoffen Sie wirklich, daß diese Gegenmacht in naher Zukuft realisiert werden könnte? Sehen Sie nicht, wie problematisch diese Wunschvorstellung nach Gegenmacht ist?

(Matthias Schmitt) Ich vermisse in den Ausführungen von Herrn *Matthes* jeden Hinweis auf Interdependenzen zu jenem „Rest der Welt", der sich dieser europäischen Währungsordnung nicht anschließt.

Die Position von Herrn *Tietmeyer,* daß das „aufgeklärte Selbstinteresse" Europas Leitfigur der Politik sein sollte, gebietet, daß sich Europa nicht nur unbedingt und allein und eigenmächtig und isoliert als Gegenmacht gegenüber den Amerikanern aufplustert. Europa muß – im Sinne eines „aufgeklärten Selbstinteresses" – mitwirken und Pate stehen, wo immer das Verhältnis zur übrigen Welt zu gestalten ist.

(Hans Tietmeyer) Damit ist zunächst das Problem aufgeworfen: Wie kann diese Kooperationspolitik konkret betrieben werden? Sicherlich muß man zunächst miteinander reden und diskutieren. Auf dieser intensivierten und politikorientierten Konsultation baut der sogenannte Plaza-Prozeß auf. Bei der Darstellung des Plaza-Prozesses – wobei der Terminus eine Kurzformel für die seitherige neue Kooperation ist – stimme ich nicht ganz mit Herrn *Schlüter* überein. Herr *Schlüter* hat den Plaza-Prozeß zu sehr als eine Aktion zur Beeinflussung des Wechselkurses dargestellt. Das ist der Plaza-Prozeß sicher auch. Aber er ist zugleich auch mehr, denn er setzt zunächst bei der Kooperation in der Wirtschafts- und Finanzpolitik im allgemeinen an. Die allgemeine und unverbindliche Diskussion der Wirtschafts- und Finanzpolitik der großen Länder ist an sich nicht neu – sie findet in der OECD und in internationalen Organisationen schon seit langem statt. Neu ist jedoch der konkrete Versuch, auf der Grundlage ernster und sorgfältiger Diskussionen die Politiken der beteiligten Länder insgesamt möglichst kompatibel und konsistent zu machen. Dies ist natürlich nur möglich, wenn auch die politisch verantwortlichen Finanzminister und Notenbankpräsidenten selbst involviert sind.

Das Bemühen um mehr Kompatibilität erstreckt sich dabei zunächst auf die Ordnungspolitik. Es umfaßt natürlich auch die Fiskalpolitik, und zwar nicht nur in ihren quantitativen Größen, sondern auch in ihrer ordnungspolitischen Grundorientierung. Darüber hinaus gehört zur Plaza-Kooperation natürlich auch der Versuch, die Geldpolitiken, soweit es denn geht, kompatibler zu gestalten. Das Ergebnis eines solchen Bemühens um mehr Kompatibilität ist dann hoffentlich eine weniger erratische Entwicklung der Wechselkurse, als das in der ersten Hälfte der achtziger Jahre der Fall war. Das ist die Grundkonzeption.

Die Ausgangslage vor dem Plaza-Treffen 1985 war allerdings besonders kritisch. Die wachsenden Ungleichgewichte der Außenbilanzen zeigten, daß die Politiken – vor allem die Politik in den USA – sich sozusagen „verstiegen hatten". Die extrem verzerrte Wechselkurssituation – extrem hoher Dollar bei gleichzeitig extrem hohem Außenbilanzdefizit der USA – war die Konsequenz eines widersprüchlichen Kurses der Wirtschafts- und Finanzpolitik in den großen Ländern.

In dieser Situation genügte es nicht, nur zu versuchen, die Politiken für die Zukunft kompatibler zu machen, so wichtig und unerläßlich dies auch war. In dieser außergewöhnlichen Situation kam es auch darauf an, die Wechselkurse in die richtige Richtung zu bewegen. Deswegen wurde im Plaza-Statement die gemeinsame Aussage gemacht, daß eine gewisse Aufwertung der Nicht-Dollar-Währungen gegenüber dem Dollar angemessen und nützlich sei. Ich halte eine solche Wechselkursaussage in einer außergewöhnlichen Situation nicht nur für zulässig, sondern auch für nützlich. Denn ich bin nicht überzeugt, daß die Märkte immer und überall das richtige Wissen haben und sich immer und überall in angemessener Weise an den Fundamentaldaten orientieren. In einer Situation wie vor Plaza kann eine orientierende Aussage der handelnden Politiker sinnvoll sein – nicht, daß sich diese Aussage gegen Marktkräfte stemmt, wohl aber, daß sie den unsicheren Marktkräften eine gewisse Orientierung gibt.

Die Wechselkursaussage von Plaza war jedoch keine eindeutige Aussage über den angemessenen Wechselkurs, sie gab lediglich die von allen Beteiligten für erforderlich gehaltene Richtung der Wechselkursentwicklung an, ohne konkrete Größenordnungen zu nennen. Auch die spätere Wechselkurssaussage des Louvre-Treffens enthielt keine präzise Aussage über den längerfristig angemessenen Wechselkurs. Die Beteiligten beschränkten sich vielmehr auf die Aussage, daß „unter den gegenwärtigen Umständen" weitere substantielle Wechselkursveränderungen die Wachstums- und Anpassungsaussichten in ihren Ländern beeinträchtigen könnten und daß sie für eine Stabilität der Wechselkurse „um das gegenwärtige Niveau herum" eintreten.

Solche Wechselkursaussagen bedeuten – auch wenn sie durch koordinierte Interventionen unterstützt werden – keineswegs den Übergang zu einem Zielzonensystem. Daß die Franzosen die Kooperation im Rahmen des Plaza-Prozesses dahingehend interpretieren möchten, ist verständlich: Sie streben ein solches System weltweit an. Ein solches formalisiertes Zielzonensystem mit festgelegten Bandbreiten halte ich jedoch für problematisch. Es ist viel zu rigide und zu einseitig wechselkursorientiert. Deswegen sollte auch die pragmatische Kooperation im Rahmen des Plaza-Prozesses nicht mit einem solchen System verwechselt werden.

Zu der pragmatischen Kooperation können jedoch über die gemeinsame Wechselkursaussage hinaus auch koordinierte Interventionen im Sinne von Signalgebungen nützlich sein. Auch hier möchte ich ein mögliches Mißverständnis vermeiden. Ich bin überzeugt davon, daß man mit Interventionen allein die Märkte nicht nachhaltig und wirksam beeinflussen kann. Das bedeutet allerdings nicht, daß Interventionen nicht in bestimmten Situationen nützlich sein können:

☐ Das gilt zunächst für die Glättung der täglichen Volatilitäten. Hierfür hat es im übrigen schon immer gewisse Interventionen der Zentralbanken gegeben.

☐ Darüber hinaus können Interventionen aber auch die Funktion von Orientierungssignalen haben. Das gilt insbesondere, wenn sie zwischen den großen Zentralbanken koordiniert vorgenommen werden. Die Märkte reagieren auf solche Interventionen durchaus sensibel. Allerdings beobachten sie auch sehr genau, ob und inwieweit die großen Zentralbanken sich wirklich beteiligen. Wenn die Märkte sehen, daß sich eine Zentralbank nicht beteiligt, so ergibt sich nicht selten keine oder gar eine kontraproduktive Wirkung. Das haben die Erfahrungen der letzten zwei Jahre deutlich gezeigt.

Koordinierung ist für die Wirksamkeit der Interventionen ebenso wichtig wie Sichtbarkeit. Nur wirklich erkennbar koordinierte Interventionen können für die Märkte Orientierungsdaten setzen. Dabei kommt es nicht so sehr auf das Volumen an.

Die Plaza-Kooperation ist bisher bewußt nicht institutionalisiert worden. In den Treffen der Fünfer- oder Siebener-Gruppe kommen die politisch Verantwortlichen in kleinem, vertraulichem Kreis zusammen, um gemeinsam die Lage zu beraten und nach Vorstellungen für eine gemeinsame und abgestimmte Politik zu suchen. Das kann natürlich immer nur unvollkommen gelingen, aber es gibt hierzu keine sinnvolle Alternative. Die von manchen angestrebte Mechanisierung oder Automatisierung in Richtung einer Bindung der Politik an vorher aufgestellte Indikatoren halte ich rundweg für „dummes Zeug". Daß man statistische Indikatoren für die notwendigen Analysen und für Prognosen nutzen muß, ist selbstverständlich. Aber das Aufstellen von Indikatoren, die dann – je nach tatsächlicher Entwicklung der Wirtschaft – entsprechende Zugzwänge für die Politik auslösen, halte ich für problematisch. Im übrigen würde ein solches Vorgehen mit einer besonderen Asymmetrie verbunden sein, denn die größte Volkswirtschaft, die USA, würde von solchen Zugzwängen kaum betroffen werden, während der Druck für die mittelgroßen Länder weitaus größer wäre. Auch von daher wäre dieses System nicht tolerabel. Die deutsche Seite hat sich deshalb strikt gegen eine Steuerung auf der Grundlage von Indikatoren gewehrt.

Ich möchte noch einmal betonen: Ein neues Währungssystem ist nicht in Sicht. Ich halte es unter den derzeitigen Bedingungen auch nicht für klug, eine öffentliche Diskussion über diese Thematik zu veranstalten oder gar die Illusion zu erwecken, wir könnten in überschaubarer Zukunft ein neues System schaffen. Wir können jedoch in einem trial-and-error-Prozeß die Kooperation intensivieren und verbessern. Das scheint mir vernünftig. Solange wir eine einigermaßen gemeinsame Philosophie in der wirtschaftspolitischen Grundorientierung haben, dürfte Kooperation nicht nur unschädlich, sondern nützlich und notwendig sein. Die Sache wird natürlich problematisch, wenn es unterschiedliche Grundkonzeptionen gibt oder einzelne Partner etwa zur Inflation eine andere Einstellung haben als wir. Dann gibt es Spannungen. Diese kann man nicht institutionell lösen. Man muß aber auch dann miteinander diskutieren und sich um gemeinsame Orientierungen bemühen, allerdings ohne Aufgabe der „essentials".

(Peter-W. Schlüter) In der Beurteilung des Bonner Gipfels und des Plaza-Akkords stimme ich Herrn *Tietmeyer* zu. Ich habe auf die zwiespältigen Resultate des Bonner Gipfels hingewiesen. Aber auch ein wichtiger Teil der Plaza-Absprache war die Bekräftigung der auf außenwirtschaftliche Anpassung ausgerichteten und inflationsfreien wirtschaftspolitischen Strategie der Regierungen.

(Ernst Helmstädter) In den Ausführungen von Herrn *Tietmeyer* schwingt sehr stark der Begriff Glaubwürdigkeit mit. Herr *Tietmeyer* hat das Wort nicht benutzt. Ich nehme aber an, daß er genau das meint: Die wirtschaftspolitische Führungsaufgabe für die Märkte besteht darin, daß an ein international abgestimmtes Vorgehen geglaubt wird. Glaubwürdigkeit ist eine Grundvoraussetzung für die Wirtschaftspolitik, eines ihrer wertvollsten Führungsmittel. Gerade das wird verlangt im Rahmen dieses nicht regelgebundenen, nicht institutionalisierten, gelegentlich signalgebenden koordinierten Vorgehens.

(Hans Tietmeyer) Glaubwürdigkeit ist in der Tat von zentraler Bedeutung. Es nützt beispielsweise überhaupt nichts, Interventionen an den Devisenmärkten vorzunehmen, wenn dahinter nicht eine glaubwürdige Politik steht. Darüber gibt es keinen Zweifel. Ich meine, daß man den

Märkten in gewissen Situationen „Führung geben" muß, obwohl das Wort mißverständlich sein kann. Ich spreche lieber von der Aufgabe, Orientierungssignale in Übereinstimmung mit der grundlegenden Politik zu formulieren.

Was aber die Bemerkung von Herrn *Matthes* zum Ausbau der Kompetenzen des Ausschusses der EG-Notenbankgouverneure betrifft: Herr *Matthes* schlägt eine Mitwirkung „der anderen" bei der deutschen monetären Politik vor. Damit gelangen wir an einen kritischen Punkt. Ich halte es zwar für richtig, daß, wenn überhaupt ein Koordinierungsgremium für die Geldpolitik geschaffen werden muß, dieses der Gouverneursausschuß sein sollte. Er gewährleistet das größte Maß an Unabhängigkeit. Aber ich habe doch erhebliche Bedenken gegen eine Kompetenzausweitung in Richtung Mitwirkung bei der Geldpolitik. Ich halte Mitwirkungsregelungen für problematisch, nach denen beispielsweise die Bundesbank eine vorherige Zustimmung haben muß, wenn sie bestimmte Entscheidungen fällen will. Ob wir uns bereits in einer Situation befinden, in der so etwas akzeptiert werden kann, möchte ich auch bezweifeln.

Meine Schlußfolgerung ist: Konsultation – ja! Auch vorherige Konsultationen! Ernste Diskussion – ja! Vor wichtigen Entscheidungen Nachdenken über mögliche Rückwirkungen! Bis zu diesem Punkt halte ich eine verstärkte Konsultation und Kooperation für nützlich und notwendig. Aber ich glaube nicht, daß wir schon so weit sind, die Souveränität der Entscheidung aufgeben zu können.

(Peter-W. Schlüter) Darüber hinaus: Wenn der Gouverneursausschuß seine Kompetenzen besser ausschöpfen, Konsultationen vielleicht noch verstärken und eventuell auch Empfehlungen aussprechen soll, dann müßte man auch vorsehen, daß Empfehlungen an die Regierungen gegeben werden, sobald die Finanzpolitik die Konvergenz von Wirtschafts- und Währungspolitik zu beeinträchtigen droht.

(Hans Tietmeyer) Man sollte dann aber nicht übersehen, daß gerade die deutsche Notenbankverfassung ein besonderes Problem aufwirft: das Problem zwischen Zentralbankrat auf der einen Seite und dem Präsidenten als Mitglied des europäischen Gouverneursausschusses auf der anderen Seite. Darüber sollten sich alle, die einen Ausbau der Rolle des Gouverneursausschusses vorschlagen, im klaren sein. Empfehlungen des Gouverneursausschusses in Richtung Bundesbank können Probleme aufwerfen.

Eine weitere Frage stellt sich im Hinblick auf Empfehlungen der Notenbankgouverneure an die Regierungen. Ich habe im Grundsatz nichts gegen Empfehlungen an die Regierungen. Nur darf das Recht zu Empfehlungen nicht einseitig sein. Wenn die Notenbankgouverneure Empfehlungen an die Regierungen geben dürfen, dann sollten die Regierungen auch das Recht zu Empfehlungen an die Notenbankgouverneure haben.

Besondere Probleme liegen schließlich noch in der unterschiedlichen Verteilung der Kompetenzen für die innere und äußere Währungspolitik in den einzelnen Ländern der Gemeinschaft. In England ist die Treasury nicht nur für die Geldpolitik, sondern auch für die Interventionspolitik zuständig. In Frankreich liegt nicht nur die äußere Währungspolitik in der Zuständigkeit der Regierung, sondern auch ein großer Teil der inneren Währungspolitik. Hier liegen viele Fallstricke, die man beachten muß, wenn man die Rolle des Gouverneursausschusses ausbauen will.

Und noch ein wichtiger Punkt: Die institutionelle Phase ist seit der Einführung des Artikels 102a in den EWG-Vertrag an eine grundlegende Änderung des Vertrages gebunden. Das ist ein wichtiger Punkt. In diesem Artikel 102a heißt es: „Sofern die weitere Entwicklung im Bereich der Wirtschafts- und Währungspolitik institutionelle Veränderungen erforderlich macht, findet Artikel 236 Anwendung." Dieser Artikel bedeutet, daß die institutionelle Weiterentwicklung nicht gemäß Artikel 235 mit Einstimmigkeit im Rat beschlossen werden kann; sie bedarf vielmehr der parlamentarischen Zustimmung aller nationalen Parlamente. Ich weise darauf hin, um deutlich zu machen, daß die institutionelle Entwicklung im Bereich der Währungspolitik so einfach nicht ist. Ich finde das gut so, denn so ist die Beweislast bei denjenigen, die institutionelle Änderungen wollen. Und von dieser Änderungsnotwendigkeit müssen alle Parlamente überzeugt werden.

Ich bin im Grundsatz für eine Weiterentwicklung in der Gemeinschaft in Richtung auf eine politische Union. Aber wann und unter welchen Bedingungen diese langfristig sinnvolle Weiterentwicklung möglich ist, läßt sich nur schwer voraussagen. Ich habe Zweifel, ob das schon in den nächsten drei Jahren möglich ist. Ich bin aber sicher, daß nach der Vorlage des Berichts der sogenannten *Delors*-Gruppe der politische Diskussionsprozeß hierüber beginnt. Damit wird hoffentlich die notwendige Klärung eingeleitet. *(Der Delors-Bericht wurde am 17. April 1989 veröffentlicht).*

Das geschwundene Vertrauen in Marktautomatik und freie Wechselkurse

(Werner Steuer) Ich finde es bemerkenswert, daß die Vertreter von Bundesbank und Bundesministerium der Finanzen auf einer Tagung der Ludwig-Erhard-Stiftung ihre Einigkeit bekunden, daß ein wesentlicher Teil des marktwirtschaftlichen Mechanismus – die Preisbildung auf dem Devisenmarkt durch freie Wechselkurse – in Frage zu stellen sei.

Was sind die Gründe für diese Haltung? Ich sehe lediglich, daß es modisch geworden ist, das System freier Wechselkurse zu verurteilen und zu sagen: Es hat die Erwartungen nicht erfüllt. Herr *Schlüter* hat das deutlich mit der Formulierung umschrieben, die Wechselkurse verhielten sich nicht, „wie im Textbuch vorgesehen". Ich weiß nicht, an welches Textbuch dabei gedacht wird.

Mir bereitet es keine Schwierigkeiten, die Fluktuationen der Wechselkurse zu erklären. Ich finde bestätigt, daß sich die Devisenmärkte nach dem Vertrauen oder Mißtrauen richten, das einer Währung entgegengebracht werden kann, wie hoch vor allem das Realzinsgefälle ist. Wenn wir diese Maßstäbe anlegen, haben wir keinen Grund zu sagen, die freien Wechselkurse – soweit angesichts der Wechselkursabsprachen der letzten Jahre überhaupt von „freien" Wechselkursen die Rede sein kann – hätten die Erwartungen nicht erfüllt.

Herr *Schlüter* sprach von „Wechselkursverwerfungen großen Ausmaßes" und meinte damit wahrscheinlich heftige Fluktuationen der Wechselkurse. Aber sind fluktuierende Wechselkurse allein schon deshalb falsche Wechselkurse, weil sie fluktuieren? Könnte es nicht sein, daß diese Fluktuationen nur eine unstetige Währungs- und Wirtschaftspolitik reflektieren? Keiner der Redner hat für mich überzeugend den Beweis geführt, warum die Wechselkurse falsch gewesen sind. Herr *Tietmeyer* sagt: Große Volkswirtschaften neigten dazu, sich kurzfristig-pragmatisch zu orientieren; daraus resultierten dann Verzerrungen der Wechselkurse. Diese Prozesse müßten durch Kooperation aufgefangen werden.

Mir ist nicht klar geworden, wie die in der Tat kurzfristig-pragmatische Politik zu *Verzerrungen* der Wechselkurse führen soll. Sie führt sicherlich zu Fluktuationen, sie führt dazu, daß die betreffenden Währungen auf den Devisenmärkten entsprechend schlecht bewertet werden. Aber das ist doch gerade der Vorzug marktwirtschaftlicher Sanktionsmechanismen, daß sie unstetige Politik bestrafen und stetige Politik belohnen. Dabei spielt es keine Rolle, ob eine Volkswirtschaft groß oder klein ist. Die kleine Schweiz hat es ja auch geschafft, eine sehr vertrauenswürdige Währung anzubieten.

Kurzum: Mir scheint, daß die „Hexenjagd" auf den freien Wechselkurs der guten Begründung entbehrt. Deshalb geht die Diskussion in die falsche Richtung. Sie befaßt sich viel zu sehr mit der Verstetigung der Wechselkurse und viel zu wenig mit der Verstetigung der Geldpolitik. Obwohl das Thema unserer Erörterungen heißt: „Stabilität nach innen *und* außen", haben wir uns eigentlich nur mit der äußeren Stabilität befaßt. Daß Versuche, die äußere Stabilität herzustellen, zu Lasten der inneren Stabilität gehen, ist unbestreitbar. Wer da Zweifel hat, braucht nur im neuesten Monatsbericht der Bundesbank (November 1988) nachzulesen. Auf die Frage nach den Ursachen der Veränderungen der Währungsreserven heißt es dort auf Seite 33: Es sind die „Entscheidungen der Notenbanken, zur Glättung von Wechselkursschwankungen mit Interventionen in den Devisenmarkt einzugreifen". Und auf Seite 35 schreibt die Bundesbank: „Die von ihnen ausgehenden ‚Liquiditätsschocks' haben mitunter die Steuerung des Geldmarktes und der Geldmenge beträchtlich erschwert."

(Helmut Geiger) Ich habe mit Herrn *Steuer* schon oft diskutiert und ihn immer wieder gefragt: Wie kommt es denn, daß wir in den letzten zwei, drei Jahren nahezu Geldwertstabilität erreicht haben? Wenn doch alle Leute alles falsch gemacht haben? – Aber das ist vielleicht eine zu sarkastische Zwischenbemerkung.

Gut denn: Freier Wechselkurs! Inwieweit ist es gerechtfertigt, in den Börsenmechanismus einzugreifen? Ist es Aufgabe der Währungspolitik, die Märkte frei laufen zu lassen, damit stete Politik „belohnt", unstete „bestraft" wird? – Ich muß schon sagen, Herr *Steuer,* Sie verwenden ein Vokabular, das nicht zur Problemlage paßt: Ist denn die amerikanische Politik mit DM 3,47 pro Dollar „belohnt" worden? Das ist doch etwas problematisch.

(Ernst Helmstädter) Die These, daß flexible Wechselkurse disziplinierend wirken, hat Herr *Besters* schon vor fünf Jahren bei einer Tagung der List-Gesellschaft vertreten[1]. Ich glaube, daß diese These zutrifft. Aller-

---
[1] *Hans Besters* (Hg.), Währungspolitik auf dem Prüfstand; in: Gespräche der List Gesellschaft, N.F. Band 9 (1984), Baden-Baden, Seiten 95 ff.

dings kann man nicht davon ausgehen, daß nur Güter- oder Warenmärkte über die Wechselkurse bestimmen, vielmehr wirken hierbei auch sehr viel flexiblere Einschätzungen und Erwartungen mit.

(Hans Tietmeyer) Ich habe keineswegs die flexiblen Wechselkurse als solche kritisiert, und ich will sie auch nicht abschaffen. Ich kritisiere lediglich, daß die dahinterstehende Wirtschaftspolitik, vor allem in den USA, viel zu kurzatmig war. Das hat zu teilweise perversen Wechselkursreaktionen geführt. Eine „Bestrafung" für dieses „falsche" Politik erfolgte eben nicht. Es gab keine entsprechend schlechte Bewertung des Dollar, sondern im Gegenteil, es kam zu einem extremen Dollaranstieg, zu einer – um Ihre Terminologie aufzugreifen – Belohnung. Erst viel später fiel der Dollar. Derartige, von den Fundamentaldaten abgehobene Wechselkursentwicklungen führen zu extremen Verzerrungen der Außenbilanz, die ihrerseits das offene Handelssystem gefährden.

Der Plaza-Prozeß beginnt nicht mit einer Beeinflussung der Wechselkurse. Es geht zunächst darum, die Politik zu größerer internationaler Kompatibilität zu bringen, und zwar zu einer Kompatibilität, bei der die innere Geldwertstabilität nicht in Gefahr gebracht werden darf. Das Konzept bemüht sich darum, Ausrutscher, etwa die Politik der USA in den frühen achtziger Jahren, zu vermeiden. Im übrigen kritisiere ich durchaus nicht die gesamte *Reagan*-Politik. In der *Reagan*-Politik war vieles ausgezeichnet – etwa im Bereich der Ordnungs- oder der Steuerpolitik. Aber die monetäre und die fiskalische Politik waren nicht genügend aufeinander abgestimmt. Das war und ist das Hauptproblem.

Ich bestreite auch nicht, daß es Konflikte zwischen innerer und äußerer Stabilität geben kann. In einer solchen Situation würde ich der inneren Stabilität eindeutig den Vorrang einräumen. In einer Reihe von Situationen gibt es jedoch überhaupt keinen Konflikt, sondern eine übereinstimmende Zielrichtung. Wir haben ein Beispiel hierfür erst vor wenigen Wochen erlebt, als sich die Deutsche Mark plötzlich abwertete und die Bundesbank – aus meiner Sicht zu Recht – die Zinsen angehoben hat.

Ich wiederhole noch einmal, es kann Konflikte geben. Diese Konflikte zwischen innerer und äußerer Stabilität sollen nicht durch ein neues System gelöst werden, bei dem alles dem Wechselkurs untergeordnet wird. Aber man darf andererseits auch nicht die Gefahren übersehen, die von verzerrten Wechselkursen für die realwirtschaftliche Entwicklung und auch – zumindest auf Dauer – für die innere Geldwertstabilität ausgehen können. An dem Prinzip der flexiblen Wechselkurse darf nach meiner Meinung unter den gegenwärtigen Bedingungen nicht gerüttelt werden. Aber das schließt verstärkte Kooperation der Wirtschaftspolitik keineswegs aus. In bestimmten Situationen kann es sehr wohl nützlich sein, Orientierungssignale für die Wechselkurse durch Interventionen zu geben.

(Matthias Schmitt) Es bleibt ein unbefriedigendes Gefühl: Mit solchen Aussagen werden keine klaren politischen Prinzipien, sondern es wird eine zwiespältige Politik verteidigt. Vor allem wird auch zu wenig an politische Fernwirkungen gedacht. Wir sind im Begriff, in Europa auf schwankendem Boden eine Währungsordnung zu errichten, die ein Absolutum wird.

(Ernst Helmstädter) Gibt es denn irgendwo so volatile Preise wie bei den Wechselkursen? Allenfalls bei den Rohstoffmärkten, bei einem Handel, der an die Kosten eigentlich nicht gebunden ist, sondern wesentlich mit der Nachfrage zu tun hat. Hier gibt es ruckartige Preisänderungen, und diese können auch länger anhalten. Aber sonst wird man Schwierigkeiten haben, Güter zu finden, deren Preise derart frei schwanken wie die Wechselkurse.

Nun sind Wechselkurse – längerfristig gesehen – im Prinzip ein Ausdruck des allgemeinen Preisniveaus. Ich glaube, wenn die Politiken glaubwürdig auf das mehr oder weniger einheitliche Ziel der Stabilität gerichtet sind, entfallen diese Volatilitäten von allein. Es ist sicher möglich, durch glaubwürdige Koordinierung einen Weg zu finden, diese Volatilität bei Erhaltung der Flexibilität zu vermeiden.

Vor allem geht es aber darum, die perversen, letztlich funktionslosen Ausschläge der Wechselkurse zu unterbinden. Die falsche Politik, die zu solchen Marktreaktionen führt, müßte vermieden werden. Dann würde der Markt nicht mit so großen Schwankungen reagieren. Solche Schwankungen sind nicht im Wechselkurs als einem Preis der Währungen untereinander angelegt.

(Helmut Geiger) Der letzte Monatsbericht der Bundesbank (November 1988) zeigt die Problematik des Versuchs, nur mit Interventionen das Problem zu lösen, insbesondere dann, wenn die große Währung nicht am gleichen Ende des Strickes zieht. Dann ist das Problem schlechtweg unlösbar.

Insofern ist es notwendig, darauf hinzuweisen, daß hier die Koordinierung der Politik entscheidend wichtig ist und daß die Intervention an den

Devisenmärkten in bestimmten Situationen nur flankierend wirken kann. In der Vergangenheit sind diese Interventionen sicherlich nicht immer nur als flankierende Maßnahme benutzt worden. Weil die Amerikaner nicht mitgespielt haben, ist eben die Intervention weitgehend als alleiniges Mittel eingesetzt worden. Dann kommen Fehlentwicklungen zustande, wie sie Herr *Steuer* mit Recht kritisiert.

(Peter-W. Schlüter) Daß die Märkte von den Interventionen nicht sonderlich beeindruckt waren, kann auch damit zusammenhängen, daß der neue amerikanische Präsident das Ruder noch nicht übernommen hat.

(Hans Tietmeyer) Dem möchte ich ausdrücklich zustimmen. Der zentrale und kritische Punkt ist derzeit die weitere Entwicklung der US-Politik: erstens vom Gewicht der US-Volkswirtschaft her, zweitens natürlich auch von der speziellen Rolle des Dollars her. Wir müssen jetzt abwarten, wie der neue „policy-mix" in den Vereinigten Staaten ausfallen wird. Eine sichere Prognose ist gegenwärtig noch nicht möglich.

Ich habe zu denen, die die Verantwortung in der neuen *Bush*-Administration übernehmen werden, gute persönliche Kontakte und kenne sie. Ich glaube, daß sie sich der schwierigen Aufgabe voll bewußt sind. Wichtig ist vor allem, daß sie auf der von mir dargestellten Linie der Kooperation denken. Das gilt insbesondere für *Dick Darmann,* das gilt aber auch für den neuen Finanzminister *Brady*; und das gilt nicht zuletzt für meinen Kollegen *David Mulford*. Auch der amerikanische Notenbankpräsident, *Alan Greenspan,* denkt in die gleiche Richtung.

Natürlich gibt es Nuancen, aber das gesamte *Bush*-Team steht auf der Linie der US-Administration der letzten zwei Jahre, nicht dagegen auf der früheren *Reagan/Sprinkel*-Linie, um das zu personifizieren. Ob die neue Mannschaft das, was sie politisch möchte, auch tatsächlich beim Kongreß durchsetzen kann, ist natürlich eine weitere Unsicherheit.

(Peter-W. Schlüter) Was das Wort „Textbuch für das Floating" angeht, das Herrn *Steuer* zu so kritischen Anmerkungen gereizt hat: Es ist wohl unbestritten, daß die Dollarentwicklung Anfang der achtziger Jahre den Anpassungserfordernissen zuwiderlief und das außenwirtschaftliche Ungleichgewicht noch verstärkte, so daß es zu der im Plaza-Akkord vereinbarten stärkeren Zusammenarbeit und größeren Selbstverpflichtung keine Alternative gab. Sich überschlagende, ausgreifende

Wechselkurse bringen Verzerrungen und damit falsche Signale, denen wir Orientierungssignale entgegenhalten müssen, die kompatibel sind mit der Ausrichtung unserer Politik.

Was die Mutmaßungen von Herrn *Steuer* betrifft: Herr *Steuer,* wir haben über diese Fragen wieder und wieder gesprochen – im Kontext der internationalen Währungspolitik wie auch im Hinblick auf die europäische Integration. Sie müßten endlich anerkennen und zugeben, daß die Bundesbank weder im Bereich der Devisenmarktinterventionen noch in der Zinspolitik Anlaß zur Vermutung gegeben hat, daß sie auf ein System weltweit fester Wechselkurse oder Zielzonen zustrebt.

(Heinrich Matthes) „Textbuch für das Floating": Herr *Steuer* verdient eine noch fundamentalere Antwort auf seine Überzeugung, flexbile Wechselkurse seien für jedes regionale Wirtschaftsgebilde das beste Ordnungsprinzip.

Selbst in der Theorie gibt es so etwas wie optimale Wirtschafts- und Währungsräume. Ein solcher optimaler Wirtschafts- und Währungsraum sind sicherlich die USA. Hier handelt es sich um ein in sich ruhendes raumwirtschaftliches Gebilde. Auch die Europäische Gemeinschaft kommt – raumwirtschaftlich gesehen und wenn man von den etwas problematischen Süderweiterungen absieht – einem solchen optimalen Währungsraum sehr nahe.

Was kennzeichnet einen optimalen Währungsraum? In ihm gibt es maximale Aufschließungseffekte des substitutiven, dem Gesetz der komparativen Kosten gehorchenden Kern-Binnenhandels. Dadurch werden die Volkswirtschaften auf einen höheren Spezialisierungsgrad und damit auf eine wesentlich höhere Wohlstandsstufe gebracht. Das heißt, die Spezialisierung zwischen gleichartig strukturierten Volkswirtschaften kann vorangetrieben werden, und die Volkswirtschaften kommen auf eine höhere Transformationskurve. Das ist der Sinn des Binnenmarktes '92, und bekanntlich hat die Kommission bei Realisierung des Projektes eine etwa fünfprozentige Wohlfahrtssteigerung ausgerechnet.

Ich bin der Ansicht, daß die Blockflexibilität – solange die Welt so ist, wie sie ist: unvollkommen und durch eine höchst bedauerliche Verfassung der Weltwährungsordnung gekennzeichnet – das einzige Mittel ist, sich wirksam von den wechselnden Einsichten des Hegemonen abzuschotten. Die Blockflexibilität kann wohl nicht ernsthaft zur Disposition stehen, wenn es darum geht, sich davon zu emanzipieren, was in den USA für den „Rest der Welt" als gut und nützlich befunden wird.

Über Notwendigkeit und Vergeblichkeit, Kapitalströme zu lenken

(Helmut Geiger) Die Bundesrepublik Deutschland kann ihre starke wirtschaftspolitische Stellung in der Europäischen Gemeinschaft auf Dauer nur halten, wenn wir zwei Erfordernissen nachkommen:

☐ Einmal ist für Stabilität zu sorgen. Es ist ein Stabilitätsanker im ganzen System auszubilden, gleichgültig, wie man ihn konstruiert und ob wir oder andere das stabilitätspolitische Gewissen sind, gleichgültig auch, wie die Instrumente gestaltet werden, mit denen Stabilität hergestellt wird.

☐ Zweitens aber ist natürlich auch dafür zu sorgen, daß die europäische Wirtschaft weiter wachsen kann, daß im weltwirtschaftlichen Geschehen die Europäische Gemeinschaft weiter nach vorne kommt und nicht im Wachstums- und Innovationsprozeß zurückfällt.

Der Sachverständigenrat hat das seit Jahren in seinen Gutachten geschrieben. Die Politik hatte zugesagt, Wachstumsbremsen zu lösen. Das geschieht im politischen Tagesgeschehen leider außerordentlich langsam. Gelegentlich werden sogar neue Bremsen angelegt, anstatt angezogene zu lockern.

Wenn die Bundesrepublik ihr Gewicht – ihr wirtschaftliches und ihr wirtschaftspolitisches Gewicht – in der Gemeinschaft halten will, genügt es nicht, nur das Stabilitätsgewissen wachzuhalten. Wir müssen auch dafür sorgen, daß die Europäische Gemeinschaft und die Bundesrepublik selbst im Innovationsprozeß nach vorne kommen, daß ein vernünftiges Wirtschaftswachstum produziert und für soziales Gleichgewicht durch Abbau von Arbeitslosigkeit gesorgt wird. Hier haben wir noch Nachholbedarf.

Wir sind im ersten Punkt nur glaubwürdig und durchsetzungsfähig, wenn wir auch zu der zweiten Abteilung unseren Beitrag – noch mehr als in der Vergangenheit – leisten. Einiges ist geschehen, manches bleibt aber noch zu tun.

(Friedhelm Rentrop) Ich fürchte immer, daß hinter solchen Bekundungen zur europäischen Wachstumspolitik nichts anderes steht als die Absicht, wegen angeblicher „Vergreisung" nunmehr vom Stabilitätspakt zum Kapitalimportpakt überzugehen. Das neue Bekenntnis zur Wachstumspolitik erscheint oft als Relativierung der Stabilitätspolitik. Und ich frage mich zudem, was denn eigentlich noch nötig sein könnte: Ist denn die sogenannte „Steuerreform 1990" nicht schon ein wesentlicher deutscher Beitrag zum Kapitalabfluß in andere Länder? Haben sich denn nicht auch schon längst unsere Banken, insbesondere auch die öffentlich-rechtlichen, in anderen Ländern niedergelassen?

(Ernst Schröder) Vor allem liegt der Frage, ob Stabilität vor Wachstum gehe, ein Mißverständnis zugrunde. Stabilität ist überhaupt kein Gegensatz zum Wachstum.

(Ernst Helmstädter) Ich weiß nicht, was die Franzosen eigentlich unter Wachstum verstehen. Meinen sie Wachstum der Nachfrage oder des Geldvolumens oder der Kinderzahl? Das ist alles unklar Das Sozialprodukt wächst jedenfalls bei uns mindestens so schnell wie in Frankreich.

Übrigens: Herr *Matthes* hat zwei Phasen des Europäischen Währungssystems unterschieden und gesagt, daß es mit der Deutschen Mark gut ging, solange Stabilität *und* Wachstum im Zentrum standen. Jetzt käme aber, weil wir nicht so wachsen wie die anderen, eine neue Phase.

Ich finde es bedrückend, daß wir uns diese maliziösen Termini „Kapitalimportpakt" und „Vergreisung" in der Diskussion überhaupt aufdrängen lassen. Ich kann nicht im einzelnen anführen, was ich alles dagegen einwende. Ich möchte nur soviel sagen: Wer meint, daß die deutsche Volkswirtschaft zu schwach wächst, der soll sich zuerst die Zahlen der achtziger Jahre ansehen. Danach sollte er bedenken: Man darf über Wachstum nicht leichtfertig sprechen und so tun, als könnte man Wachstum „veranstalten".

(Heinrich Matthes) „Kapitalimportpakt", „Vergreißung" – letztlich geht es darum: Wir haben nach der ersten Ölkrise ein „Recycling" erlebt, das die interne Anpassung hinausschob und damit ganz wesentlich zur zweiten Ölkrise beitrug. Im Zuge der fundamentalen Erleichterung der Leistungsbilanzfinanzierung hat dann – seit Beginn der achtziger Jahre – die dominante Ökonomie der Welt ein immer größer werdendes Leistungsbilanzdefizit aufgebaut. Herr *Helmstädter* hat sehr dezidiert die These vertreten, das sei ein Skandal.

Ohne dem widersprechen zu wollen, möchte ich sagen, daß man auch andere Meinungen und andere theoretische Begründungen hören kann. Wäre nämlich dieser Kapitaltransfer nach den USA auf die überlegene Profitabilität und die Dynamik der amerikanischen Wirtschaft zurückzuführen, während Europa in unheilbarer Sklerose darniederläge, dann wäre es ja durchaus im Sinne eines marktwirtschaftlichen Ausgleichsmechanismus, wenn sich die Grenzproduktivität des Kapitals angliche und wenn das Kapital dahin strömt, wo es besser bedient wird. Dann müßte man in der Tat die Kausalitätsrichtung in der Zahlungsbilanz „von unten nach oben" sehen: von der Kapitalbilanz zur laufenden Rechnung. Das Leistungsbilanzdefizit der USA wäre dann durch diese Konstellation induziert.

Wir wissen inzwischen, daß man diese These angesichts der verheerenden Konstellation von Sparen und Investieren in den USA nicht aufrechterhalten kann. Aber man kann auch die entgegengesetzte These nicht urbi et orbi verkünden.

(Ernst Helmstädter) „Vergreisungspakt" – oder wie der „alterungsbedingte Kapitalexport" aus Deutschland auch immer genannt werden mag –: Neu ist diese Argumentation nicht. *Herbert Giersch* hat schon vor Jahren gesagt: Europa, befallen von Vergreisung und Verknöcherung, hat glücklicherweise in den USA einen neuen Markt für sein Kapital entdeckt. Früher wurde diese These vorwiegend auf die europäischen Randgebiete angewandt: Der kapitalgesegnete europäische Kern, der sowieso vergreist, soll sein Geld in die Randgebiete stecken.

Zu solchen Argumentationen ist anzumerken: Weder ist Amerika das einzige Land, das Kapitalverwertung im realen Sinne ermöglicht, noch muß der Kapitalabfluß „vergreißungsbedingt" sein. Die Schuld für den Kapitalabfluß liegt fast immer in politischen Bedingungen, die einen hohen Zins ermöglicht haben. Aus diesem Grunde floß Kapital nach Amerika. Mit realwirtschaftlichen Möglichkeiten der Entwicklung hat das nichts zu tun.

Längerfristig – das war meine These, und ich gebe zu, daß sie etwas zu hart formuliert ist – hat es jedoch keinen Sinn, wenn Geld nach Amerika fließt. Gewiß mögen es einzelne für sinnvoll ansehen, ihr Kapital in Amerika anzulegen. Andere werden es jedoch besser finden, ihr Kapital in Deutschland zu investieren. So werden sich die Kapitalströme irgendwie ausgleichen.

(Waldemar B. Hasselblatt) Wenn ich Sie richtig verstanden habe, geht es Ihnen aber gar nicht nur um diesen Ausgleich. Sie haben in Ihrem Referat vor allem die veränderten Bedingungen für den Kapitaltransfer dargelegt. Sie haben historische Beispiele genannt und meinten unter anderem, die großen, weltwirtschaftlich bedeutenden Realkapitaltransfers von Europa in das zaristische Rußland hätten in der zweiten Hälfte des letzten Jahrhunderts bis zum Beginn des Ersten Weltkrieges gut funktioniert. Das Problem der Überschuldung sei nicht entstanden, weil neben dem Kapital auch Management und Know how transferiert wurde und die neue Produktion auf den dortigen Märkten Absatz finden konnte.

Ganz zutreffend ist das nicht. Ausländisches Kapital war seinerzeit zwar an der Verarbeitung von Rohstoffen beteiligt, und es ist in Brauereien, in der Zuckerindustrie, der Herstellung von Speiseöl und der Lederfabrikation investiert worden. Rohleder und Zucker waren neben Getreide und Butter die wichtigsten Ausfuhrwaren des alten Rußland. In erheblichem Ausmaß wurden die Auslandskapitalien im Russischen Reich jedoch verwendet, um das öffentliche Verkehrswesen der Städte (Straßenbahnen) und deren Energieversorgung (Gas- und Elektrizitätswerke) auszubauen sowie ein Eisenbahnnetz zu schaffen. Nur weil Rußland gleichzeitig einen hohen Exportüberschuß erwirtschaftete, der um die Jahrhundertwende bei etwa 1,5 Mrd. Rubel lag, entstanden keine Schwierigkeiten mit den Tilgungs- und Zinszahlungen in ausländischer Währung. Ohne diesen Ausfuhrüberschuß wäre angesichts der faktisch bestehenden Goldumlaufwährung Gold aus dem Russischen Reich abgeflossen. Wir wissen nicht, wie sich die Zahlungsbilanz angesichts des hohen Anteils von Infrastruktur-Investitionen weiter entwickelt hätte. Mit der entschädigungslosen Enteignung durch die Sowjets war alles zu Ende.

(Ernst Helmstädter) Ich wollte nur soviel sagen: Die deutschen Firmen, die damals nach Rußland gingen, wollten in der Regel dort bleiben und den dortigen Markt entwickeln. Sie suchten einen neuen Markt im Ausland. Das war von seiten der Kapitalgeber oder Gläubiger eine ganz andere Strategie, als sie heute betrieben wird. Die Kapitalgeber oder Gläubiger damals exportierten ein unternehmerisches Paket, nicht nur Kapital, sondern Qualität, Führung, Produktion. Ich gebe Ihnen völlig recht: Was heute geschieht, auch wenn es unter die Überschrift „joint ventures" gebracht wird, ist ausschließlich Kapitaltransfer.

(Waldemar B. Hasselblatt) Es handelt sich im Falle der sozialistischen Volkswirtschaften zudem um einen Nur-Kapitaltransfer mit höchst pro-

blematischen Zügen: Man ist gegenwärtig im Begriff, eine Entwicklung einzuleiten, die ich für falsch halte. Ein Bankenkonsortium will der Sowjetunion einen Kredit von über drei Milliarden DM gewähren, wie es heißt: zur Modernisierung der Konsumgüter- und Lebensmittelindustrie. Wie will man aber feststellen, ob die Investitionen wirklich in „rentierliche" Anlagen fließen, wenn die Produktionsfaktoren überall „planmäßig" eingesetzt und Unterschiede in den Herstellungs- und Standortkosten durch (politische) Preise eliminiert werden? Es ist doch zu erwarten, daß die Investitionen nicht nach wirtschaftlichen Kriterien erfolgen, sondern nach politischen, also anders vorgenommen werden, als es ein den Bedarf signalisierender Markt tun würde.

Wenn die Maschinen aufgestellt sind und die Produktion einsetzt, wird man die Schwierigkeiten bald erkennen, beispielsweise, wenn Vorprodukte aus heimischer Produktion zugeliefert werden sollen. Es ist ja nicht so, daß die Menschen dort nicht die erforderliche Arbeit leisten könnten. Aber es existiert kein Markt, der dafür sorgt, daß die Vorprodukte auch dorthin gelangen, wo man sie benötigt. Daher werden die im Fabrikationsprozeß Tätigen weiterhin schummeln und „abzweigen", den „schwarzen Markt" bedienen, der den völligen Zusammenbruch der Sowjetwirtschaft bisher aufgehalten hat. Letzthin werden die Anlagen nicht „rentierlich" sein; sie werden nicht die Erträge erwirtschaften, die den Tilgungs- und Zinsendienst speisen sollen. Mittel aus dem allgemeinen Staatshaushalt und allfällige Ausfuhrüberschüsse müssen dann an deren Stelle treten. Schwierigkeiten, wie sie bei der Kapitalgewährung an Jugoslawien aufgetreten sind, werden sich im Falle der Sowjetunion wiederholen – in einem wesentlich größeren Ausmaß.

(Ernst Helmstädter) Genau das ist das Dilemma: Wir haben es mit einem souveränen Schuldner zu tun, der auch noch seine Identität wandelt: vorher zaristisches Rußland, jetzt die Sowjetunion. Der souveräne Schuldner ist die Crux der heutigen weltwirtschaftlichen Entwicklung. Er kann alles mögliche machen; schließlich wird der Gläubiger seine Verbindlichkeiten auch noch irgendwie glattstellen.

(Ulrich Meyer-Cording) Über die ganze Welt verteilt haben wir heute diese „souveränen Schuldner". Aber wir wissen wenigstens, wie der notwendige Kapitaltransfer zu den ärmeren Ländern in der Europäischen Gemeinschaft in Gang gebracht werden kann. Dafür haben wir nicht nur historische Erfahrungen. Wir haben Erfahrungen auch aus der deutschen Strukturpolitik. Beispielsweise wurden auf Antrag von Nie-

dersachsen für die Strukturhilfe erhebliche Summen bewegt. Darüber hinaus haben wir den Finanzausgleich zwischen Bund und Bundesländern sowie unter den Bundesländern. Dafür braucht man kein dirigistisches Finanzierungssystem, weder einen Gouverneursrat noch einen Europäischen Währungs- und Entwicklungsfonds. Das kann jeweils ausgehandelt und beschlossen werden.

**Europäische Währungsintegration:
Das Ende der Stabilität?**

(Hans Tietmeyer) Herr *Matthes* sprach davon, daß sich innerhalb der Gemeinschaft das Stabilisierungsziel durchgesetzt habe. Ich stimme dieser Feststellung zu. Seit 1983 stimmen wir in der Gemeinschaft im Hinblick auf die Stabilisierung überein. Die Führungsposition der Deutschen Mark und damit der Bundesrepublik wurde von den anderen Ländern akzeptiert – manchmal murrend, aber eben akzeptiert.

Herr *Matthes* meint jedoch, daß die Internalisierung des Stabilitätsverhaltens inzwischen so weit fortgeschritten sei, daß dieser Pakt nicht mehr hält. Die anderen Länder wollten sich der Dominanz der Bundesbank und der deutschen Stabilitätspolitik nicht mehr unterordnen, zumal sie die Stabilitätsorientierung für zu einseitig halten. Jetzt müsse das Wachstumsziel mehr an Gewicht gewinnen. Ist diese Diagnose eigentlich richtig? Ist der Zustand, wie ihn Herr *Matthes* dargestellt hat, wirklich die gegenwärtige Situation in Europa?

(Heinrich Matthes) Wir sind uns wohl darüber einig, daß mit der wachsenden Stabilisierung in Europa, die ja noch nicht abgeschlossen ist, „realignments" für die anderen immer problematischere Dimensionen gewinnen. So ist man in Frankreich zunehmend der Ansicht, daß man sich für das Linsengericht eines „realignments" nicht um das Erstgeburtsrecht der Stabilität bringen lassen will. Frankreich will also um jeden Preis den jetzigen Stabilitätskurs durchhalten – eine vom französischen Standpunkt her gesehen verständliche Haltung.

Vom deutschen Standpunkt aus gesehen müßte man deutlicher erkennen, daß Stabilität für die Bundesrepublik allein nicht verwirklicht werden kann. Stabilität hat auch für die Bundesrepublik eine eminent europäische Dimension – eine Dimension, an der fünfzig Prozent des deutschen Außenhandels hängen. Die Bundesrepublik kann nicht nach dem

Motto handeln „faciat stabilitas pereat mundus", sondern sie darf auch im längerfristigen Interesse ihrer eigenen Stabilitätspolitik auf keinen Fall den europäischen Konvergenztrend behindern.

(Helmut Geiger) Konvergenz ist auf Dauer nur durchhaltbar, wenn institutionelle Kooperationen eine konvergente Politik sicherstellen, insbesondere im Bereich der Fiskalpolitik, der Verschuldung usw. Wenn diese beiden Bereiche und die Geldpolitik auseinanderdriften, dann gerät die Geldpolitik in außerordentlich große Schwierigkeiten.

(Hans Tietmeyer) Ich bestreite nicht, daß solche Überlegungen in einigen Mitgliedsländern des Europäischen Währungssystems angestellt werden und zunehmend Sympathie finden, etwa in Frankreich und in Italien. Deren Kritik an der sogenannten Ungleichgewichtigkeit der Lastenverteilung verbergen sich ja hinter dem Vorwurf der Asymmetrie. Die Kritiker sagen: Ihr drückt uns auf einen zu niedrigen Wachstumspfad, weil ihr ein zu geringes Wachstum habt. Vor einigen Tagen hat sich – für mich überraschend – auch der Schweizer Notenbankpräsident, Herr *Lusser*, in dieser Richtung geäußert. Er hat die deutsche Seite allerdings nicht wegen einer zu restriktiven Geldpolitik kritisiert, wohl aber gesagt, die Deutschen sind nicht wachstumsdynamisch genug, und sie betreiben nicht genügend Wachstumspolitik im Sinne von mehr Flexibilität, weniger Subventionen und mehr Abbau von Rigiditäten.

Ich will das nicht bestreiten. Problematischer ist jedoch die Kritik an der deutschen Stabilitätspolitik, die sich gegen eine angeblich zu restriktive Geld- und Finanzpolitik wendet. Die in dieser Kritik zutage tretende These von der wachstumshemmenden Stabilitätspolitik kann ich nicht akzeptieren. Darüber hinaus habe ich auch Zweifel an der These, daß das Stabilitätsziel in der Politik der anderen Länder des Europäischen Währungssystems bereits so weit internalisiert ist, daß das nicht mehr in Frage gestellt werden kann.

Ich meine, die Politik der anderen Länder einigermaßen zu kennen. Ich bestreite nicht, daß einige sich ernsthaft um eine stabilitätsorientierte Politik bemühen. Das gilt beispielsweise für die in Frankreich betriebene Politik. Die gleiche Stabilitätsorientierung kann ich allerdings nicht allen anderen Partnern im Europäischen Währungssystem zuerkennen.

Darüber hinaus geht es auch nicht um die Zielsetzung der Politik, sondern um das tatsächliche Verhalten in der jeweiligen Wirtschaft. Ich denke, der Sachverständigenrat hat Recht, wenn er in seinem jüngsten

Gutachten geschrieben hat, das Stabilitätsbewußtsein und die Stabilitätsorientierung der verantwortlichen Politiker und der Handelnden in der Wirtschaft seien insgesamt noch nicht so weit aneinander angeglichen, daß eine dauerhafte Grundlage für eine gemeinsame Orientierung gegeben sei.

Deswegen komme ich zum Ergebnis: Der Ausgangspunkt für den großen Sprung in die volle Gemeinsamkeit einer Währungsunion ist nach meiner Meinung bei der derzeitigen Ausgangslage nicht gegeben. Zu bedenken ist ja immerhin auch, daß die Währungsunion eine nahezu unauflösliche Bindung herbeiführt. Ich bin mir nicht sicher, ob allen Leuten, die für eine Währungsunion plädieren, wirklich klar ist, was die Unauflöslichkeit einer Währungsunion bedeutet.

(Heinrich Matthes) Die Diskussion um die europäische Zentralbank ist die Debatte um die notwendige Mitwirkung der anderen bei der europäischen Geld- und damit also letztlich auch bei der europäischen Wirtschaftspolitik; denn die Geldpolitik hat mit ihren im Europäischen Währungssystem ausgeübten Zwängen ganz essentielle Wirkungen auch im realen Bereich der Wirtschaft.

Die Debatte um die europäische Zentralbank ist mit großer Folgerichtigkeit in dem Moment in Gang gesetzt worden, als der alte Grundinteressenpakt zwischen der Bundesrepublik und den anderen Mitgliedern des Europäischen Währungssystems (Stabilisierung gegen Exportstimulus) immer mehr an Stringenz verlor. Darüber hinaus war sehr wichtig, daß sich die Realkonvergenz durch die Liberalisierung der Kapitalmärkte weiter verstärkt hat.

In diesem reformierten System hat sich also die Asymmetrie der Anpassungszwänge durch die Liberalisierung vergrößert. Die Rolle der Bundesbank ist dabei wichtiger geworden. Ihre Ankerfunktion für Europa kann die Bundesbank – längerfristig gesehen – wahrscheinlich ohne mehr Mitbestimmung der anderen nicht durchhalten.

Deshalb wird sich in der europäischen Währungspolitik und auch im Europäischen Währungssystem etwas ändern. Es wird viel Schweißes der Edlen bedürfen, bei dieser Änderung den Stabilitätsanker des Systems effizient zu halten und ihn nicht gleichsam zum bremsenden Schleppanker umzufunktionieren.

(Hans Tietmeyer) Schon im *Werner*-Bericht, an dem ich damals mitgearbeitet habe, haben wir den Zusammenhang zwischen der Währungs-

union und der politischen Union deutlich gemacht. Währungsunion ist nur möglich, wenn man zu einem grundlegenden Transfer von politischen Verantwortlichkeiten auf die Gemeinschaftsebene bereit ist und dieses auch politisch institutionell absichern will, und zwar nicht nur im monetären Bereich. Eine europäische Zentralbank allein hilft nicht; sie ist wichtig, aber für die Währungsunion keineswegs ausreichend.

Wer die Währungsunion will, der muß im Grundsatz bereit sein, notfalls einen größeren Ressourcentransfer vorzunehmen. Man denke nur an die vielfältigen finanziellen Ausgleichssysteme innerhalb der Bundesrepublik: den großen Bundesetat, die sozialen Sicherungssysteme und alle Institutionen, die einen permanenten Transfer und Risikoausgleich vornehmen. Derartiges existiert auf Gemeinschaftsebene nicht, und ich bin noch nicht einmal sicher, ob wir uns solche Einrichtungen wünschen sollten. Die Vorstellung, wir könnten uns jetzt entscheiden und die Währungen aneinanderbinden, ohne dafür die politisch institutionelle Fundierung zu haben, birgt ein zu hohes Risiko. Ich bin dafür, daß wir längerfristig den Weg in die politische Union gehen. Aber ich bin der Meinung, wir dürfen ihn nicht monetär isoliert gehen, sondern wir müssen auf der soliden Grundlage einer breiter angelegten politisch institutionellen Entwicklung voranschreiten.

(Ulrich Meyer-Cording) So diskutieren wir jetzt also über die erste Phase der Währungsunion, aber selbst hierbei beachten wir den Ausgangspunkt noch in keiner Weise: Was ist eigentlich Währung?

Der Wert der Währung ist ein Bild der jeweiligen Wirtschaft in den Köpfen derer, die das nationale Geld anbieten oder nachfragen. Dabei spielen viele wirtschaftliche Fakten und Bewegungen eine Rolle – die Geldmengenentwicklung, die Zinsen, Gewinne, Löhne, Steuern usw. Diese Bilder werden von Land zu Land unterschiedlich sein, insofern die einzelnen Regierungen mit verschiedenen wirtschaftspolitischen Zielvorstellungen operieren. Es ist daher der falsche Ansatzpunkt, wenn man damit beginnt, durch behördliche Anordnungen diese Bilder zu vereinheitlichen. Vielmehr muß man zunächst die Wirtschaftspolitiken koordinieren. Dann werden sich die Währungen von selbst angleichen.

Gewiß wurde mit dem Europäischen Währungssystem ein gewisser Fortschritt erreicht: Die Währungen haben sich einander angenähert. Ich führe das auf einen erzieherischen Effekt zurück: Die Bundesbank hat mit ihrer Stabilitätspolitik eine Leitfunktion ausgeübt. Die Regierungen in Frankreich und in anderen Ländern mußten eine Abwertung fürchten,

Aktuelle Probleme der europäischen Währungspolitik 75

wenn sie sich nicht an die gesunde Leitlinie der Bundesbank halten. Aus diesem Ergebnis läßt sich aber nicht folgern, die Währungen hätten sich vereinheitlicht, so daß man nun getrost zur zweiten Phase übergehen könne. Es ist voreilig, über eine zweite Phase zu sprechen – über eine Phase, in der eine gemeinsame Bank mit ihrem Gouverneursrat die Gesamtwirtschaft lenken soll – wahrscheinlich dirigistisch. Dieser Dirigismus dürfte nicht im Sinne von *Ludwig Erhard* liegen, und diesem Dirigismus kann ich nicht zustimmen.

(Frank Marheinecke) Die Deutsche Mark war in den letzten Jahren der Stabilitätsanker im Europäischen Währungssystem. Im Hinblick auf die Weiterentwicklung in Europa muß es bei der harten Haltung der Bundesbank und auch des Finanzministeriums bleiben. Eine Vorbedingung dafür ist, daß die Institutionen erhalten bleiben und das Heft nicht aus der Hand geben, etwa an das Auswärtige Amt.

Wenn man an der Deutschen Mark im Europäischen Währungssystem als einem Ankerpunkt für andere Währungen festhalten möchte, wenn man die Wirtschaften der übrigen Ländern des Europäischen Währungssystems an das deutsche Stabilitätsniveau heranführen will, wäre es fatal, den Stabilitätsanker zu lichten und zugleich den Kapitän zu entlassen.

(Peter-W. Schlüter) Im Gesetz, nach dem die Bundesbank tätig wird, sind die Paragraphen 3 und 12 die beiden Pfeiler, nach denen wir unsere Politik national, europäisch und weltweit ausrichten.

☐ National wird der Notenbank eine Geldversorgung abverlangt, die ein inflationsfreies Wachstum sicherstellt. Sie ist zugleich zur Unterstützung der Wirtschaftspolitik der Regierung verpflichtet, was Beratung einschließt. Dies läßt sich übertragen auf die internationale Kooperation, die sich auf absehbare Zeit in einem multilateralen Rahmen vollziehen wird.

☐ Im europäischen Raum muß die Geld- und Währungspolitik dagegen den ungleich höheren Anforderungen der Supranationalität genügen. Darauf müssen wir uns rechtzeitig einstellen. Zu wünschen wäre, daß europaweit die Stabilitätsmaßstäbe gelten, die wir an die nationale Politik bisher angelegt haben. Dieser Wunsch ist nicht unrealistisch. Ich darf auf das bekannte Basel/Nyborg-Abkommen vom letzten Jahr verweisen, in dem alle Notenbankchefs anerkannt haben, daß der Geldwertstabilität Priorität in der Geldpolitik eingeräumt werden sollte. Dies ist eine wichtige ordnungspolitische Aussage, an der sich die praktische Politik wird messen lassen müssen.

(Heinrich Matthes) Man kann unterschiedlicher Meinung darüber sein, ob der Zeitpunkt schon gekommen ist, zu dem eine Mitwirkung der anderen bei der deutschen Geldpolitik mit Fug und Recht eingeklagt werden kann. Die anderen meinen das; die Deutschen sehen das offenbar noch etwas differenzierter.

Ihre Argumente, Herr *Tietmeyer,* mögen aus deutscher Sicht überzeugen, aus europäischer Sicht ist dies nicht der Fall. Um diesen Konflikt zu entschärfen, habe ich in meine Vorschläge starke ordnungspolitische Elemente eingebaut, die darauf hinwirken, daß die „unsichtbar stabilisierende Hand" nicht abstirbt und daß in Europa auf gar keinen Fall eine Währungsordnung installiert wird, die den jetzt erreichten Stabilitätsgrad der ECU wieder zurückschraubt, sondern ihn möglicherweise noch weiter verbessert.

(Peter-W. Schlüter) Stabilität der ECU: Es tut mir leid, aber Sie, Herr *Matthes,* besitzen eine ECU-Gläubigkeit, die ich nicht teilen kann. Solange die ECU korbdefiniert ist, ist sie an das Schicksal der Korbwährungen gebunden und wird immer nur deren Durchschnitt sein. Wenn sie stabil ist, dann dank der stabilen Währungen in diesem Korb. Je höher die Stabilität zwischen den Korbwährungen, um so mehr verliert die ECU an Attraktivität auf dem Markt; denn dann lohnt es sich ja nicht mehr, den Umweg über die 13. „Währung" ECU zu nehmen, sondern man kann sich gleich in einer anderen Währung, die ja gleichermaßen stabil ist, engagieren. Es würde hier zu weit führen, durchzudeklinieren, welche Möglichkeiten die ECU als Parallelwährung bietet. Sie würde damit letztlich die gleiche Funktion erfüllen wie eine einheitliche gemeinschaftliche Währung. Damit hätten wir praktisch die Währungsunion verwirklicht.

Manche ziehen aus solchen Überlegungen den Schluß, daß der Gebrauch der ECU weder währungspolitischen Schaden noch integrationspolitischen Nutzen stiftet. In einigen Sätzen skizziert ist meine Vorstellung von Währungsintegration:

☐ Erstens sollten in der jetzigen nicht-institutionellen Phase alle Integrationsmöglichkeiten ausgeschöpft werden. Sie liegen zunächst in der Vollendung des Gemeinsamen Marktes. Bei dieser Aufgabe gibt es noch viele Restanten. Ich denke etwa an die zahlreichen Entscheidungen, die der Rat noch zu treffen hat. Wir wollen binnenmarktähnliche Verhältnisse herstellen. Dazu gehört insbesondere die Liberalisierung des Kapitalverkehrs.

☐ Zweitens gibt es noch ein Defizit an Konvergenz in der Wirtschafts- und Finanzpolitik. Dieser Mangel muß ebenfalls in der nicht-institutionellen Phase überwunden werden.

☐ Drittens müssen wir uns mit den Aspekten einer Wirtschafts- und Währungsunion intensiver als bisher befassen: Wir müssen das Ziel einer Währungsunion voll ins Visier nehmen und uns über ihre Implikationen Klarheit verschaffen.

☐ Für die politischen Entscheidungsträger gilt schließlich ein Wort von *Hans von der Groeben:* „Man darf nicht nur Mäulchen spitzen, sondern man muß auch pfeifen". Es stellt sich nämlich die Frage, ob die Politik bereit ist, eine wirtschafts- und währungspolitische Gewaltenteilung auch auf der Gemeinschaftsebene zu akzeptieren.

(Ernst Schröder) Als deutscher Unternehmer freue ich mich, daß ich gegenwärtig bei meinen Exporten in den meisten Fällen in Deutscher Mark fakturieren kann. Ich bin aber durchaus bereit, auch in einer anderen Währung zu rechnen, wenn diese genau so stabil ist.

Auch eine Parallelwährung ist für mich durchaus denkbar. Aber dann nicht als Korbwährung, sondern als die Währung einer unabhängigen europäischen Notenbank, die in Konkurrenz zur Deutschen Mark ausprobiert, welche von beiden wertbeständiger und stabiler ist. Dann wird sich herausstellen, ob die Deutsche Mark oder dieser ECU die europäische Währung abgeben wird.

(Hans Tietmeyer) In der ECU-Beurteilung bin ich dezidiert anderer Meinung als Herr *Matthes.* Die ECU kann aus meiner Sicht nicht der Nukleus einer Parallelwährung werden. Wenn überhaupt Parallelwährung, dann müßte sie eine Parallelwährung auf der Basis einer politisch-institutionellen Grundlage sein. Das heißt, man müßte dann nicht nur ein unabhängiges Emissionsinstitut haben, sondern zugleich müßten alle Länder bereit sein, diese Währung als frei konvertierbar gegenüber den eigenen Währungen zu akzeptieren. Damit sind wir genau wieder beim zentralen Punkt, nämlich dem Verzicht auf nationale Souveränität.

Die ECU kann als Korbwährung ebenfalls nicht der Nukleus einer europäischen Währung werden. Ich bin auch nicht davon überzeugt, daß die ECU ihre jetzige Entwicklung fortsetzen kann. Denn in Zukunft werden möglicherweise größere Instabilitäten auftreten, weil Portugal und Spanien ein Recht darauf haben, daß ihre Währungen in den Währungskorb aufgenommen werden.

Andererseits läßt sich mit einem Nukleus ein Stück Autonomie für eine europäische Zentralbank etablieren. In der transitorischen Phase, in der wir in Wahrheit noch in einem System des Europäischen Währungssystems leben, kann das durchaus ein nützlicher Ansatz für verstärkte Bemühungen um Koordinierung im Bereich der Geldpolitik sein. Ich wiederhole jedoch meine Mahnung zu Vorsicht.

(Heinrich Matthes) Ich habe dafür plädiert, das berechtigte Interesse der anderen in einer Weise aufzufangen, daß die gelegentlich schon geäußerten Austrittsdrohungen aus dem Europäischen Währungssystem wieder verstummen. Wir können uns nicht auf den Standpunkt stellen, daß wir die Welt um jeden Preis am ungemilderten deutschen Wesen genesen lassen wollen, sondern wir müssen das „deutsche Wesen" auch für die anderen etwas akzeptabler machen.

In dieser Dimension kann man eine Konstruktion ins Auge fassen, wie ich sie entwickelt habe und wie sie offenbar auch von Präsident *Pöhl* in seinem Artikel im „Wallstreet Journal" vom 20. Juli 1988 für möglich gehalten wurde. Dort beschreibt der Bundesbankpräsident seine Vision einer denkbaren europäischen Zentralbank: Es könne sich nur um eine dezentrale, förderale, streng nach dem Subsidiaritätsprinzip konzipierte Institution handeln. Sie müsse die geldpolitische Macht so weit möglich auf nationaler Ebene lassen. Insbesondere dürfe sie auf keinen Fall in die nationale Budgetfinanzierung eingeschaltet sein. Man könne an eine solche Institution gewisse Dimensionen der äußeren Währungspolitik übertragen. In diesem Falle müsse sie auch einen gewissen Teil der nationalen Währungsreserven sowie das Recht zur Paritätsänderung erhalten. Daß Herr *Pöhl* für eine solche Institution das Muster der Bundesbank ins Auge faßt, versteht sich von selbst; insofern müßte diese Institution vergleichbar unabhängig sein.

(Hans Tietmeyer) Mein eindeutiges Nein zur Aufgabe der Souveränität der Entscheidung bedeutet nicht, daß wir uns nicht bemühen müssen, vor den eigenen Entscheidungen stärker als bisher die möglichen Rückwirkungen auf die anderen in unsere Überlegungen einzubeziehen. Darüber hinaus sollten wir auch überlegen, ob wir nicht bisweilen eine Sprache führen, die zumindest problematisch wirkt. Aus der Sicht der anderen erscheint die Diskussion in Deutschland gelegentlich recht

selbstgefällig. Man fragt sich: Machen denn die Deutschen alles richtig, wie sie meinen, und machen alle anderen alles falsch? Für unsere Partner wirkt das oft sehr arrogant.

Deswegen zögere ich auch, die Terminologie von Herrn *Matthes* – „Zentrum" und „Peripherie" – zu übernehmen. Ich zögere nicht etwa, weil ich den Befund nicht verstehe oder nicht für richtig halte. Ich halte es lediglich für politisch unklug, solche Vokabeln zu benutzen, weil sie politisch mißverstanden werden können. Ich bin der Meinung, wir sollten den anderen bei ihren Bemühungen helfen, zu unserem Stabilitätsstandard aufzuschließen. Wir sollten ihnen helfen, und wir müssen uns deshalb stets ernsthaft fragen: Helfen wir ihnen genug?

(Heinrich Matthes) Ich war bemüht, den Ausdruck „Peripherie" mit selbstironischem Bezug zu versehen und damit gerade jene gelegentliche deutsche Neigung zur Selbstgerechtigkeit zu pointieren. Der von mir gebrauchte terminus technicus „Peripherie" ist also durchaus auch als ironisches Kürzel für den („neokolonial" gesprochen) „Rest der Welt" aufzufassen.

Zusammenfassung

(Helmut Geiger) Die Diskussion hat gezeigt, daß weitgehende Übereinstimmung darin besteht, daß es zum System der flexiblen Wechselkurse derzeit keine Alternative gibt und daß eine Rückkehr zum Fixkurssystem oder eine Neuorientierung hin auf ein Zielzonen-System aus unserer Sicht keine vernünftige Alternative sein kann.

Dagegen ist es erforderlich, daß die wirtschaftspolitische Kooperation unter den großen Ländern effektiv fortgesetzt wird und daß dafür gesorgt werden muß, daß die USA eine Politik betreiben, die in diese internationale Kooperation hineinpaßt, in eine Kooperation, die das Ziel Stabilität, Wachstum, Gleichgewichtigkeit der internationalen Entwicklung und der internationalen Warenströme garantiert. Hier ist noch viel zu tun.

Im Hinblick auf die europäische Währungsentwicklung ergab sich Übereinstimmung, daß die weitere Integration in Europa der Geldwertstabilität bedarf und daß die Bundesrepublik dazu beitragen muß, daß die Geldwertstabilität in den weiteren Integrationsbemühungen Vorrang genießt. Wir müssen unsere Partner davon überzeugen, daß Geldwertstabilität eine unverzichtbare Basis für die gesunde weitere Entwicklung des europäischen Binnenmarktes ist.

Es gab Differenzen darüber, welche institutionellen Wege einzuschlagen sind. Klar war jedoch, daß die monetäre Politik nicht von Fortschritten in der Kooperation der Finanz-, Wirtschafts- und Sozialpolitik losgelöst werden kann. Im Hinblick auf das Gesamtziel wäre es schädlich, wenn man sich nur auf die monetäre Seite kaprizieren und andere, sehr schwierige Probleme links liegen lassen würde. Die Hoffnung, die Währungspolitik werde es schon schaffen, ist trügerisch: Wir haben gesehen, Währungspolitik allein kann keine Integration herbeiführen.

Referenten und Diskussionsteilnehmer

Geiger	Dr. h. c. Helmut,
	Präsident des Deutschen Sparkassen- und Giroverbandes e. V.; Präsident der Europäischen Sparkassenvereinigung; Mitglied des Außenwirtschaftsbeirats beim Bundesminister für Wirtschaft.
Hasselblatt	Dr. Waldemar B.,
	Ministerialrat a. D., Bundesministerien für Wirtschaft und für Wirtschaftliche Zusammenarbeit.
Helmstädter	Prof. Dr. Ernst,
	Direktor des Instituts für Industriewirtschaftliche Forschung der Westfälischen Wilhelms-Universität in Münster.
Kohlhoff	Hartmut,
	Berater für Entwicklungshilfe-Projekte.
Marheinecke	Frank,
	Diplom-Kaufmann.
Matthes	Dr. Heinrich,
	Stellvertretender Generaldirektor für Wirtschaft und Finanzen der Kommission der Europäischen Gemeinschaften.
Meyer-Cording	Prof. Dr. Ulrich,
	Ministerialdirektor a. D. im Bundesministerium für Wirtschaft; Vizepräsident a. D. der Europäischen Investitionsbank in Luxemburg.
Rentrop	Friedhelm,
	Wirtschaftsprüfer und Steuerberater.
Schlüter	Dr. Peter-W.,
	Leiter der Europa-Abteilung und Stellvertreter des Leiters der Hauptabteilung Internationale Währungsfragen bei der Deutschen Bundesbank.

Schmitt	Prof. Dr. Matthias, Wirtschaftsberater; ehemals Vorstandsmitglied von AEG/ Telefunken und Honorarprofessor an der Universität zu Köln.
Schröder	Ernst, Unternehmer; Vorsitzender des Unternehmensverbandes Metall in Dortmund.
Steuer	Werner, Geschäftsführer der Gemeinschaft zum Schutz der deutschen Sparer.
Tietmeyer	Dr. Hans, Staatssekretär im Bundesministerium der Finanzen; Mitglied des Währungsausschusses der Europäischen Gemeinschaften; Vertreter der Bundesregierung in verschiedenen internationalen währungspolitischen Gremien; stellvertretender deutscher Gouverneur der Weltbank.

Personenregister

Baldwin, Robert E. 12
Brady, Nicholas F. 64
Bush, George 64

Carter, James E. (Jimmy) 22

Darmann, Dick 64
Delors, Jacques 31, 36, 40, 59

Erhard, Ludwig 75
d'Estaing, Giscard 53
Eucken, Walter 9

Feldstein, Martin S. 19

Geiger, Helmut *1, 45ff., 52, 61, 63f., 66, 72, 79f.*
Giersch, Herbert 68
Greenspan, Alan 64
Guth, Wilfried 41

Hasselblatt, Waldemar B. *69f.*
Hayek, Friedrich A. von *7f.*
Hegel, Georg Wilhelm Friedrich 38
Helmstädter, Ernst *3ff., 45ff.,* 50, 57, *61ff., 67ff.*

Keynes, John Maynard 6
Kohlhoff, Hartmut *47*

Lusser, Markus 72

Machlup, Fritz *7f.*
Marheinecke, Frank *75*
Marx, Karl 11

Matthes, Heinrich *29ff., 52f.,* 65, *67f., 71ff.,* 76, *78f.*
Meyer-Cording, Ulrich *70f., 74f.*
Mulford, David 64

Padoa, Fabio 40
Pöhl, Karl Otto 78

Reagan, Ronald 12, 20, 25, 62, 64
Rentrop, Friedhelm 67

Schiller, Karl 39
Schioppa, Tommaso 40
Schlüter, Peter-W. *17ff.,* 46, *57f.,* 60, *64f., 75ff.*
Schmidt, Helmut 49, 53
Schmitt, Matthias *53f.,* 63
Schröder, Ernst 67
Schumpeter, Josef 7
Sievert, Olaf 25
Smith, Adam *7f.*
Sprinkel, Beryl 50, 64
Stackelberg, Heinrich 52f.
Steuer, Werner *60f., 64f.*

Tietmeyer, Hans *47ff.,* 60, *62ff., 71ff.,* 76, *78f.*

Volcker, Paul 28

Werner, Pierre 72

Sachregister

Bandbreiten 55
Bankliquidität 21, 25, 45 ff.
Beschäftigungspolitik 6, 23 ff.
Blockflexibilität 65 f.
Börsenkrach (19. Oktober 1987) 11, 45, 47
Börsenverhalten 10 ff., 45 ff.
Bretton-Woods-Abkommen 20, 23 ff., 28
Bundesrepublik Deutschland
  Geldwertstabilität 22 f., 28, 34, 37, 76
  Wirtschaftsverfassung 32
  Wirtschaftswachstum 32, 35

Deutsche Bundesbank
  Bundesbankgesetz 58, 75
  Internationale Verpflichtung 75
  Regierungsberatung 75
  siehe auch Geldpolitik und Geldwertstabilität
Deutsche Mark
  Rolle im EWS 23, 34, 71, 73
  Stabilität 22 f., 28, 34, 37, 76
Devisenmärkte
  Interventionen 19 f., 24, 49 ff., 56 f., 63 ff.
  Spekulation 45, 48
  siehe auch Wechselkurse
Dollar
  Leitwährungsfunktion 28, 31
Dritte Welt 12 ff.
  Verschuldung 70

ECU 23, 28, 40, 52, 76 f.

Entwicklungsländer 12 ff., 70
Erwartungen 6, 27
Europäische Gemeinschaft
  EG-Binnenmarkt 31, 53, 76, 80
  Europäische Zentralbank 74, 78
  Europäischer Ausgleichsfonds 40
  Verhandlungsmacht 52 f.
Europäisches Währungssystem (EWS)
  Asymmetrie 32 f., 56 f., 72 f.
  Entwicklung 36 ff., 40
  Nationalinteressen 21 f., 33, 50
  Rolle der Deutschen Mark 23, 34, 71, 73
  Stabilitätsziel 31, 71 ff.
  Wirtschaftspolitik 22 ff., 54, 77 ff.
Europäische Zentralbank 74, 78

Federal Reserve System 25, 46, 52
Finanzausgleich 71, 74
Finanzinnovationen 15
Finanzpolitik 12 ff., 25 f., 39, 46 f.
Finanzsektor 8 ff.
Fiskalpolitik 54, 62, 67
Flaoting *siehe Wechselkurse*

Geldfunktionen 8
Geldmenge 8 ff., 21, 25, 45 ff.
Geldpolitik
  Deutsche Bundesbank 33 ff.

Europa 33, 58
Federal Reserve System 25, 46, 52
Institutionen 32, 46, 59
Kompetenzen 59
Koordinierung 24 ff., 49, 56 ff., 64, 72 f., 78
Stetigkeit 61
Unabhängigkeit 26, 32, 46
Geldschöpfung 8 ff., 21, 25, 45 ff.
Geldwertstabilität 22 ff., 31 ff., 46, 61 ff., 66 f., 71, 79
Bundesrepublik Deutschland 22 f., 34, 37
ECU 76 f.
Gewerkschaften 39
Glaubwürdigkeit 57
Gleichgewichtsbegriff 5 ff., 20, 50

Handelspolitik 51
Haushaltsdefizite 12 ff., 25 f., 39, 46 f.

Indikatoren 27, 56
Inflation 22 ff., 32 ff., 61 ff., 67, 71, 79
Interdependenzen 8 ff., 53
Interessen
  Europa 36 f., 51 ff.
Internationale Währungsordnung 19 ff., 23 ff., 28
Internationaler Währungsfonds 25, 28
Interventionen
  Devisenmärkte 19 f., 24, 49 ff., 56 f., 63 ff.
Investitionsmöglichkeiten 35, 38, 67 f.

Joint Ventures 69

„Kapitalimportpakt" 35, 38, 67 f.
Kapitalanlage 35, 38, 67 f.
Kapitallenkung 11 ff., 35, 38, 66 ff.
Kapitaltheorie 9
Kapitalverkehr 10, 37, 68 f., 77
Konjunkturpolitik 11, 51
Kooperationen 24 ff., 49, 56 ff., 64, 72 f.
  Bretton-Woods-System 19 ff.
  Geldpolitik 24 ff., 49, 56 ff., 64, 72 f., 78
  Wirtschafts-/Finanzpolitik 22 ff., 54, 77 ff.
Kreditinstitute 8 ff., 67
Krisenerscheinungen 6, 14 f., 41, 47, 49 ff.

Leistungsbilanz 12 ff., 26, 49, 55, 67
Leitwährung 21 ff., 28, 31
Liquidität 21, 25, 45 ff.
Lohnpolitik 39
Louvre-Akkord (Februar 1987) 19, 54 f.

Marktkräfte 60 ff.
Monetarismus 21, 25, 45 ff.

Nachfragepolitik 51
Notenbanken
  Aufgaben 26, 75
  Federal Reserve System 25, 46, 52
  Gouverneursrat 19, 41, 58

Sachregister

Kooperationen 19 ff., 28, 41, 56 ff.
Louvre-Akkord (Februar 1987) 19, 54 f.
Plaza-Akkord (September 1985) 19, 51, 54 ff., 62 ff.
Unabhängigkeit 26, 32, 46
siehe auch Deutsche Bundesbank

OECD 22, 54
Oligopoltheorie 52
Ordnungspolitik 39, 51, 54, 62
Orientierungssignale 63 ff.
Öffentliche Verschuldung 12 ff., 25 f., 39, 46 f.
Ölkrise 12, 21, 67

Parallelwährung 76 f.
Plaza-Akkord (September 1985) 19, 51, 54 ff., 62 ff.
Politische Union 59, 74
Preisbildung
 siehe Wechselkurse, Zins etc.
Preisstabilität 22 ff., 31 ff., 46, 61 ff., 66 f., 71, 79
 siehe auch Geldwertstabilität
Protektionismus 21, 26, 51

Regelbindung 27, 56
Regionalpolitik 38 ff., 70 f., 74
Risikoteilung 9 f., 15, 48
Rußland 12 f., 69

Sachverständigenrat zur Begutachtung der gesamtwirtschaftlichen Entwicklung 32, 45, 66, 72
Selbstinteresse 51

Sonderziehungsrechte 28
Sparen 38
Spekulation 10 f., 45 ff.
Stabilität
 Geldwert 22 ff., 31 ff., 46, 61 ff., 66 f., 71, 79
 Wechselkurse 20, 25, 48
Stabilitätspolitik 24 ff., 31 ff., 46, 53, 66 ff.
Steuerpolitik 54, 62, 67
Strukturpolitik 38, 51
Symmetrie 32 f., 56 f., 72 f.

Ungleichgewicht 5 ff., 20, 50
Unstetigkeit 61
Unternehmen
 Joint Ventures 69
 Übernahmekämpfe 48

„Vergreisung" 35, 38, 67 f.
Verhandlungen
 siehe Kooperationen
Verschuldung 15, 26, 39 f., 47, 70
Volatilität 10 f., 15, 56, 60 ff.
Vollbeschäftigung 6, 23 ff.

Wachstumspolitik 32, 35 f., 67, 71 f., 75, 79
Währungsmanagement 49 ff.
Währungsordnung 20 ff., 27 f., 47 ff.
Währungsraum 65
Währungsunion 40, 73, 76 f.
Wechselkurse,
 angemessene 19, 28
 anpassungsfähige 10 f., 15, 31, 60, 63
 blockflexible 65 f.

feste 12, 20, 27, 31 f., 49, 65, 79
flexible 11, 19, 27, 49, 61 ff., 79
freie 10 f., 15, 56, 60 ff.
instabile 25, 48
stabile 20
verzerrte 21, 48 f., 54, 62
Wechselkurspolitik
  Aufgaben 26, 39, 75
  Leitkursanpassung 23
  Louvre-Akkord (Februar 1987) 19, 54 f.
  Plaza-Akkord (September 1985) 19, 51, 54 ff., 62 ff.
  Zielzonen 27 f., 55, 65, 79
  siehe auch Notenbanken
Weltfinanzmärkte 45 ff.
Weltwährungsordnung 20 ff., 27 f., 47 ff.
Weltwährungsreserven 32
Weltwirtschaftsgipfel 51 f., 57
Weltwirtschaftsordnung 52 f.
Wertpapierbörsen 11, 45 ff.
Wettbewerb 7 f., 13, 55
Wettbewerbspolitik 26
Wirtschaftsdynamik 6 ff., 66
Wirtschaftspolitik
  Europa 36 f.
  USA 64
  Grundwahrheiten 25 f.
  Koordination 22 ff., 54, 77 ff.
Wirtschaftstheorie 5 f., 52
Wirtschaftsverfassung 32
Wirtschaftswachstum 15, 23, 25, 32, 35 f., 66, 71 f.
Wissensstellung 7

Zielzonen 27 f., 55, 65, 79
Zins 8, 37, 46, 60 ff., 68
Zukunftswirtschaft 9
Zusammenarbeit
  siehe Kooperationen

ORDO
Jahrbuch für die Ordnung von Wirtschaft und Gesellschaft
Begründet von Walter Eucken und Franz Böhm
Herausgegeben von H. O. Lenel, H. Gröner, W. Hamm, E. Heuß, E. Hoppmann, E. J. Mestmäcker, W. Möschel, J. Molsberger, A. Schüller, Chr. Watrin, H. Willgerodt.
Unter Mitwirkung von F. A. von Hayek

Band 40
1989. Etwa 360 S., kt. etwa DM 136,-
Inhaltsübersicht: Institutionelle Arrangements und monetäre Theorie (F. Grünärml) · Zur Transformation von Wirtschaftsordnungen (N. Kloten) · Staatliche Souveränität und die Ordnung der Weltwirtschaft (H. Willgerodt) · Zur Interdependenz von Wirtschaftsordnung und Gesellschaftsordnung: Euckens Plädoyer für ein umfassendes Denken in Ordnungen (H.-G. Krüsselberg) · «Die Grundlagen der Nationalökonomie» vor 50 Jahren und heute (E. Heuß) · Internationale Wirtschaftspolitik im Wandel? (H. Grüner/A. Schüller) · Zu Walter Euekens kapitaltheoretischen Überlegungen (U. Fehl) u.v.a.

Band 39
1988. XIV, 361 S., kt. DM 98,-

Band 38
1987. XII, 367 S., kt. DM 98,-

Band 37
1986. 304 S., kt. DM 84,-

Band 36
1985. 304 S., kt. DM 84,-

Informationen über frühere Jahrgänge auf Anfrage.

Wirtschaftliche Dynamik und technischer Wandel
Alfred E. Ott zum 60. Geburtstag

Herausgegeben von Prof. Dr. T. Seitz. Mit Beiträgen zahlreicher Fachautoren

1989. Etwa 240 S., 19 Abb., 9 Tab., kt. etwa DM 68,-

Aus Anlaß des 60. Geburtstages von Prof. Dr. Alfred E. Ott haben Schüler, langjährige Mitarbeiter und Kollegen eine Sammlung von Beiträgen herausgegeben, die in inhaltlichem Bezug zu Forschungsaktivitäten Otts stehen. So entstand eine facettenreiche Publikation, die fundiert über Forschungsergebnisse informiert und Perspektiven bedeutsamer wirtschafts- und gesellschaftspolitischer Abläufe aufzeigt. Die Beiträge ordnen sich in die Abfolge von der Mikro- zur Makroökonomie und von der Theorie zur Empirie. Diese Festschrift spricht über die Fachwelt hinaus, alle an ökonomischen Zusammenhängen Interessierten an.

Inhaltsübersicht: Technischer Fortschritt und Qualitätsveränderung · Inflexible Preise · Innovation, Marktdynamik und Preisbildung · Die Erklärung des Konjunkturphänomens durch „beinahe" rationales Verhalten der Unternehmungen · Eine Neufundierung der postkeynesianischen Wachstumstheorie auf der Grundlage unvollkommener Märkte · Strukturwandel durch Bevölkerungsrückgang · Regionales Wirtschaftswachstum als Objekt der angewandten Wirtschaftsforschung · Forschung und Entwicklung als Determinanten des technischen Fortschritts im Unternehmenssektor ...

Preisänderungen vorbehalten

www.ingramcontent.com/pod-product-compliance
Ingram Content Group UK Ltd.
Pitfield, Milton Keynes, MK11 3LW, UK
UKHW041450180426
11946UKWH00002B/25